# Entre nous

# Canadä

Nous reconnaissons l'aide financière du Gouvernement
du Canada par le Programme d'aide au développement
de l'industrie de l'édition (PADIÉ) pour nos activités d'édition.
Catalogage avant publication de Bibliothèque et Archives
Canada

**Catalogage avant publication de Bibliothèque et Archives Canada**

Bernard, Thérèse, 1931-
    Entre nous / Thérèse Bernard.

    Choix d'articles ayant d'abord paru dans The Record, entre 1994
et 2005.

ISBN 0-88887-293-3

    I. Titre.

PN4725.B47 2006          C844'.6          C2005-907196-6

Couverture : Bull's Eye Design, Ottawa
Imprimé et relié au Canada sur papier sans acide.

# Entre nous

Un choix d'articles hebdomadaires de
l'auteure parus dans le journal *The Record*
de 1994 à 2005

## Thérèse Bernard

Borealis Press
Ottawa, Canada
2006

# Adieu Oscar

Mon chat Oscar, âgé de 13 ans et demi, est décédé il y a quelques jours. Ces années en sa compagnie ont été remplies de joie, d'amour inconditionnel et de chaleur sans pareille. Il était doux et gentil, toujours intéressé à ce qui se passait chez nous.

Il me suivait très souvent, dans mes marches ou lorsque j'allais à la rivière, qu'il adorait. Il me suivait aussi dans la neige derrière mes raquettes. Parfois, il se tenait sur l'arrière d'une de mes raquettes et lorsque je me retournais, il faisait semblant ne pas savoir pourquoi je m'arrêtais. Il m'a même suivie, à l'occasion, lorsque j'allais à un concert à Brome Beaux Arts – ce qui prouve sa culture.

C'est sur le bord de la rivière que je l'ai aperçu pour la première fois, alors qu'il était petit. Il pleurait et avait faim. Sa brillante couleur orange le rendait bien visible de loin. Je suis allée le rencontrer tout en me demandant d'où il venait et comment il s'était rendu là.

Après avoir longtemps essayé de trouver son propriétaire, car je ne voulais pas de chat, je lui ai offert le foyer qu'il avait choisi. Je suis convaincue que les chats pensent et je sais qu'ils parlent. Oscar émettait certains sons (mots) quand il voulait manger, d'autres quand il voulait des caresses, d'autres pour des friandises et encore d'autres lorsqu'un invité prenait place sur sa chaise longue sur la terrasse ou qu'il voulait que je le suive pour me montrer quelque chose ou pour se faire ouvrir la porte. Quand il était jeune, il venait faire de petits voyages en auto avec moi – des courses dans les environs, près de chez nous. Plus tard, il est devenu trop sophistiqué pour cela.

J'ai accueilli d'autres chats depuis Oscar, toujours dans des circonstances tragiques où je n'avais pas le choix, pour ainsi dire, mais il est toujours resté accroché à mon coeur et moi au sien.

Depuis environ un an, il avait de la difficulté à sauter assez haut pour atteindre un sofa favori ou mon lit, sur lequel il aimait dormir ou se réfugier à l'occasion. J'ai donc installé un petit banc à chacun de ses endroits préférés afin de lui permettre un accès facile. Puis, il y a un peu plus d'un mois, le petit banc est devenu insuffisant pour qu'il parvienne à grimper sur un siège garni d'un coussin et d'une couverture où il a passé beaucoup de temps l'hiver dernier. J'ai donc placé un deuxième banc plus haut, et il était ravi de pouvoir monter sur cet escalier et de prendre place sur le siège douillet.

Le temps est venu où même cela devint impossible, mais il semblait heureux dans son lit – cadeau d'une bonne amie – et partout ailleurs où il pouvait aller.

Le verdict était tombé : rien à faire pour guérir Oscar.

Il sortait comme d'habitude, mais avec de plus en plus de difficulté. Lorsqu'il me voyait dehors en fin de journée, il se dirigeait vers la rivière, et j'ai passé les dernières semaines à le transporter dans mes bras, car il ne pouvait plus s'y rendre sans s'arrêter plusieurs fois pour se reposer. Dans la maison, c'était dans mes bras aussi qu'il montait souvent l'escalier. Lors des derniers jours, il ne sortait plus que pour faire quelques pas dehors. Il me regardait près de la porte, comme pour s'assurer que je la laisserais ouverte afin qu'il puisse rentrer tout de suite.

Puis, ce fut la fin, et je l'ai enterré sur le terrain, à l'ombre d'une grosse pierre non loin de la rivière qui le fascinait.

Le lendemain matin, au réveil, j'ai touché à un chat sur mon lit. C'était le dernier venu chez nous – un chat abandonné que j'avais nourri l'hiver dernier par temps froid de -35°C à -40°C et dans la neige abondante. Il était à la porte tous les matins, et bien sûr, au printemps, il est resté. Son poil, de la même couleur que celui d'Oscar, est rude tandis que celui d'Oscar était très soyeux. Ce petit de trois ans me regardait au lendemain du départ d'Oscar et semblait me dire : « aime-moi comme tu as aimé Oscar ».

Les chats ne font pas de bruit depuis le départ d'Oscar. Tout est calme, trop calme, dans la maison. Même les deux gris ne courent pas dans l'escalier et ne jouent pas à cache-cache. Et Yum Yum, la petite chatte, cherche son ami. Oscar était son protecteur. Elle s'installait souvent près de lui. Elle est présentement sur le siège préféré d'Oscar, peut-être pour l'attendre.

J'ai planté quelques tulipes dans le jardin tout à l'heure. Ensuite, j'ai planté une tulipe rouge avec quelques crocus sur la tombe d'Oscar avant d'aller m'asseoir sur une grosse pierre dans la rivière en me souvenant de nombreuses fins de journées où j'étais là avec lui – d'un jour, entre autres, où nous étions tous les deux immobiles, assis sur cette pierre, alors qu'une douzaine de canards adolescents descendaient le courant à la file indienne pour ensuite changer de direction et s'exercer à voler, sans doute en préparation de leur départ à l'automne.

Au revoir Oscar, mon chat, mon ami.

– Octobre 2004 –

# A walk in the woods

I have been snow shoeing in the forest for nine years. In the first years, this activity replaced downhill skiing on very cold days or when there was too little time to make a worthwhile visit to the mountains. In time, I gradually increased my outings on snow shoes while still greatly enjoying fast runs down steep trails when I could.

An old knee injury made worse with age became a handicap for skiing as I felt pain at every turn. Snow shoeing became my winter outdoor activity and, although it is very different from skiing, I love the peace and quiet of walking in the forest on my old snowshoes.

At the end of winter, this year, I resolved to also walk in the woods in spring and summer. And, early on Easter morning – while visitors were still asleep – I began my new routine.

The earth is still frozen and there is a good deal of water in low lying areas. Nevertheless, I manage to walk on the edge of the accumulated water or to step carefully on the moss covered rocks and fallen trees

The forest is different without snow and I want to explore it as much as possible before summer when leaves will make it difficult to find my way. I have only walked here twice in summer and I found it more difficult to orient myself. Many trees are similar, as are large mounds and rocky formations. It is far from a flat floored forest. I must remember to carry a compass.

I have been lost twice in this forest on late winter afternoons when sunlight quickly disappeared and it became very difficult to even see my own tracks among the tall trees. Although I was uneasy then at the thought of being stranded in the dark cold night, I was not really afraid. I felt, deep down, that it was alright, that I would be guided out. After telling a friend about my having been lost, she sent me a lovely poem entitled "Lost," by David Wagoner, which ends with: "Stand still. The forest knows where you are. You must let it find you."

I go deep into the woods and head toward an ancient sugar bush and its old dilapidated shack falling under the weight of age. In winter, it becomes a landmark to orient myself in that area or it serves as the limit for my outing before I head back from there through a different route.

The trees give subtle energy to the forest. I feel very alive and yet very peaceful. God seems so near (it is somewhat like the feeling I often had standing on my skis at the top of a big mountain or when standing on a high peak in the Bugaboos, with an endless sea of peaks around). It is like being in a cathedral opened on the sky. Birds sing happy songs. I see deer running in the distance, their white tails waving among the trees. I am happy for them. Winter has been harsh and they sometimes had trouble finding food. All pain is forgotten now that they have the free run of the forest.

A chipmunk is watching me from a tree. I stop walking to observe him. He comes down from his tree and runs up another one behind me, all the while observing this intruder on his world. I feel rapport with him as I try to imagine what he is thinking. For a long time he runs forward, backward and around. Perhaps he wants me to leave. Smiling, I leave, happy for him and happy to have met him. I walk in gratitude for the opportunity of enjoying these woods and their inhabitants.

The forest smells of spring and there is good energy among the old maple trees where I am now walking. Birds are calling to each other, their mating calls echoing through the quiet air. Suddenly, I hear very loud sounds. I am startled thinking that a human intruder is hammering a fence or a tree. However, there is a reply to this sound and I realize that a Northern Flicker (pic flamboyant) is calling his would-be lover. I am captivated by this symphony among the trees and I stand still until it is over before continuing my walk.

I reach the Pines area where a different smell and feeling take over. Later, in the last part of the forest, on the far side of the ancient maples resting in old age, I find old ribbon trail markers and I know I have discovered an old cross country trail. The markers are more grey than their original blue color and I am thrilled to head down the long abandoned trail. I feel like a pioneer, a discoverer, as I walk carefully among rocks, fallen trees, holes of accumulated water, branches and brush and head back home.

Finally, I walk out into a large field and I see Mount Echo, the Mounts Sutton and Pinnacle in the distance. I see butterflies fly by. Two of them come to rest on the greening grass while a small snake glides by. Yes, spring is here. Life is full of new sounds and surprises.

– April 2003 –

# Les enfants ont le dernier mot

Une petite fille discutait des baleines avec son professeur. Le professeur lui dit qu'il est physiquement impossible qu'une baleine puisse avaler un humain parce que, bien qu'il s'agisse d'un gros animal, sa bouche est très petite. La petite fille répond que Jonas a pourtant été avalé par une baleine. Irrité, le professeur répète qu'il est physiquement impossible qu'une baleine avale un être humain. La petite fille réplique alors : « Lorsque j'arriverai au ciel, je demanderai à Jonas ». Le professeur demande : « Et, si Jonas était plutôt en enfer? » La petite fille répond : « Alors, vous le lui demanderez ».

\* \* \*

Une maîtresse de jardin d'enfance observait les enfants qui dessinaient. De temps à autre, elle se rendait voir les créations des petits. Lorsqu'elle arriva près d'une petite fille qui travaillait fort, elle lui demanda ce qu'elle dessinait. « Je dessine Dieu » de dire la petite. La maîtresse lui dit : « Mais, personne ne sait de quoi Dieu a l'air ». Sans hésitation et sans lever la tête de son dessin, la petite répondit : « Tout le monde le saura lorsque j'aurai terminé ».

\* \* \*

Dans une classe de religion, un enseignant expliquait les commandements à des enfants de cinq à six ans. Après avoir expliqué le commandement *Tu honoreras ton père et ta mère*, il demanda à la classe: « Y a-t-il un commandement qui dit comment traiter ses frères et sœurs? » Un petit garçon, l'aîné de sa famille, répondit sans hésitation : « Tu ne tueras point ».

\* \* \*

Une petite fille de sept ans annonça à ses parents que Jean Cousin l'avait embrassée après la classe. « Comment cela est-il arrivé? » demanda la mère inquiète. « Ça n'a pas été facile », admis la petite, « mais trois filles m'ont aidée à l'attraper ».

* * *

Un jour, une petite fille regardait sa mère qui lavait la vaisselle à l'évier de la cuisine. Elle remarqua soudainement que sa mère avait des mèches grises parmi ses cheveux bruns. Elle regarda alors sa mère et lui demanda pourquoi elle avait des cheveux gris. « Eh bien, chaque fois que tu fais quelque chose de mal et que tu me fais pleurer ou que tu me rends malheureuse, un de mes cheveux devient gris ». La petite fille pensa à cela pendant un moment et finalement dit à sa mère : « Maman, pourquoi TOUS les cheveux de grand-maman sont-ils gris? »

* * *

Un petit garçon se rendit, avec son père, voir une portée de chatons. Au retour à la maison, il courut à sa mère pour lui annoncer qu'il y avait deux chatons garçons et deux chatons filles. « Comment le sais-tu » de dire sa mère. « Papa les a retournés et il a regardé en dessous » de répondre le petit: « Je pense que c'est marqué au fond ».

* * *

Les enfants de la classe avaient tous été photographiés et le professeur essayait de les convaincre tous d'acheter une photo du groupe. « Pensez à combien il sera intéressant de regarder cette photo quand vous serez grands et de dire : « Voici Jeanne, elle est avocate », ou « Voici Michel, il est médecin ». » Une petite voix se fait alors entendre du fond de la classe : « Et voici le professeur, il est mort ».

* * *

La maîtresse d'école expliquait comment se fait la circulation du sang dans le corps. Pour rendre la leçon plus claire, elle dit à la classe : « Si je me tenais sur la tête, le sang, comme vous le savez, coulerait vers la tête et mon visage deviendrait rouge. Alors, comment se fait-il que lorsque je me tiens debout, le sang ne se rend pas dans mes pieds? » Un jeune garçon de répondre : « Parce que vos pieds ne sont pas vides ».

– Octobre 2002 –

# Pour vous amuser

Une petite fille était assise sur les genoux de son grand père qui lui lisait une histoire à l'heure du coucher. De temps à autre, elle levait les yeux du livre pour toucher le visage ridé de son grand-papa. Elle passait aussi sa main sur son propre visage, puis de nouveau sur celui du vieil homme. Finalement, elle lui dit: « Grand papa, est-ce que Dieu t'a fait? »

« Oui, chérie », répondit-il, « Dieu m'a fait, il y a bien longtemps ».

« Oh », dit-elle, « Dieu m'a-t-il faite aussi? »

« Oui, bien sûr », dit le grand père, « Dieu t'a faite, il y a peu de temps ».

La petite toucha de nouveau, leurs deux visage, puis s'exclama : « Il devient plus habile, n'est-ce pas? »

\* \* \*

C'était le dimanche des Rameaux, et le petit Jean âgé de cinq ans avait un gros mal de gorge et resta à la maison avec une gardienne tandis que sa famille se rendit à l'église. Au retour, les autres membres de la famille tenaient des branches de palmier dans leurs mains. Jean demanda pourquoi ces rameaux. « Les gens les tenaient au dessus de la tête de Jésus lorsqu'il montait l'allée » de répondre son frère aîné. Le petit Jean, très déçu répondit: « Le seul dimanche où je n'y vais pas, et voilà qu'il se montre ».

\* \* \*

La mère préparait des crêpes pour ses fils, Justin, 5 ans et Alexandre, 3 ans. Les enfants se disputaient la première crêpe. La mère saisit l'occasion de leur faire une leçon de morale. Elle dit : « Si Jésus était assis avec vous, il dirait : « Je peux attendre, donne la première crêpe à mon frère »

Justin se tourna immédiatement vers son petit frère et lui dit : « OK, Alexandre, fais Jésus! »

\* \* \*

Un jeune garçon, à l'église pour la première fois et était fasciné en voyant les plateaux à offrandes passer devant les fidèles. Quand un plateau fut tendu près de son banc, le petit s'exclama bien fort : « Ne paie pas pour moi, papa. Je n'ai que 5 ans ».

\* \* \*

Le futur beau-père demanda : « Jeune homme, peux-tu subvenir aux besoins d'une famille? » Surpris, le futur marié répondit : « Bien non. Je pensais m'occuper seulement de votre fille. Les autres membres de votre famille devront subvenir à leurs propres besoins ».

\* \* \*

« Je suis très heureux de te voir », dit le jeune garçon à sa grand-mère maternelle. « Maintenant, papa fera le joli tour qu'il nous a promis ». Curieuse, la grand-mère lui demanda « Quel tour? » « Je l'ai entendu dire à maman », dit le jeune garçon, « que si tu venais, il grimperait dans les rideaux ».

\* \* \*

Dans une classe, le professeur demande : « Michel, dis-moi, dis-tu une prière avant les repas? » « Non monsieur », dit Michel, « Ce n'est pas nécessaire, maman est bonne cuisinière ».

\* \* \*

Une femme raconte : « lors du mariage de mon frère, ma mère réussit à ne pas pleurer jusqu'au moment où elle regarde mes grands-parents. Ma grand-mère venait de tendre la main au dessus du fauteuil roulant de mon grand-père et de lui toucher tendrement la main. À la vue du geste, ma mère éclata en sanglots.

\* \* \*

Après la cérémonie, ma mère dit à ma grand-mère que son geste de tendresse l'avait beaucoup émue. « Eh bien, je suis désolée de te décevoir », répondit ma grand-mère « Je vérifiais seulement s'il était toujours en vie ! »

– Novembre 2002 –

# La fenêtre

Deux hommes, très malades, cohabitaient dans la même chambre d'hôpital. L'un d'eux devait s'asseoir dans son lit, durant une heure, tous les après-midi, pour le drainage du liquide de ses poumons. Son lit était près de l'unique fenêtre de la chambre. L'autre devait passer tout son temps étendu sur le dos.

Ils parlaient de leurs femmes, de leurs familles, de leurs maisons, de leur travail, de leurs voyages et de tout et de rien.

Chaque après-midi, lorsque l'homme près de la fenêtre était assis, il passait le temps en décrivant à son voisin de lit tout ce qui se passait à l'extérieur. Et, l'homme dans l'autre lit ne vivait que pour cette heure quotidienne alors que son monde devenait élargi et vivant par toute l'activité et la couleur du monde extérieur.

La fenêtre surplombait un parc avec un joli lac. Des canards et des cygnes glissaient sur l'eau tandis que des enfants y faisaient voguer leurs bateaux miniatures. De jeunes amoureux marchaient main dans la main au milieu de fleurs de toutes les couleurs. Au loin, on pouvait voir la silhouette de la ville.

Pendant que l'homme près de la fenêtre racontait tout dans les plus petits détails, l'homme de l'autre côté de la chambre fermait les yeux et imaginait cette scène pittoresque.

Un après-midi ensoleillé, l'homme près de la fenêtre décrivit une parade qui passait tout près. L'homme dans l'autre lit pouvait voir la parade dans sa tête, mais ne pouvait pas entendre la musique tandis que son compagnon brossait un tableau parfait de la scène du moment.

Les jours et les semaines passèrent. Un matin, l'infirmière qui apportait de l'eau pour le bain des deux patients, trouva le corps sans vie de celui près de la fenêtre. Il avait quitté ce monde paisiblement durant son sommeil. Elle sentit un grand chagrin et appela les responsables pour faire enlever le corps du défunt.

Dès que le moment sembla propice, l'autre homme demanda d'être déplacé pour avoir le lit près de la fenêtre. L'infirmière fut heureuse de faire le transfert, et après s'être assurée que tout était bien, elle le laissa seul.

Lentement, douloureusement, il s'appuya sur un bras afin de voir, pour la première fois, la vie à l'extérieur. Il lui fallut utiliser toutes ses forces pour se tourner un peu vers la fenêtre près de son lit. Elle faisait face à un mur plein.

Dès le retour de l'infirmière, l'homme lui demanda ce qui avait bien pu pousser son compagnon décédé à lui décrire des choses aussi merveilleuses à l'extérieur de la fenêtre. L'infirmière lui répondit que l'homme était aveugle et qu'il ne pouvait même pas voir le mur à l'extérieur. « Il voulait peut-être vous encourager », dit-elle.

Épilogue : Nous ressentons beaucoup de bonheur à rendre les autres heureux, malgré notre propre situation. La peine partagée est réduite de moitié tandis que le bonheur partagé est doublé.

– Février 2003 –

# Combien vrai !

J'ai récemment lu un texte écrit par une femme âgée sur sa façon de voir la vie.

Cet écrit m'a rappelé ma mère, qui ne se servait de ses belles choses que lors de grandes occasions. Dès mon enfance, j'aurais aimé voir plus souvent les nappes en dentelle, le cristal et les quelques bijoux de ma mère, mais elle ne les sortait que très rarement. Je me suis dit que lorsque j'aurais d'aussi jolies choses, je m'en servirais plutôt que de les laisser dans les tiroirs ou les armoires. Et, c'est ce que j'ai fait. Les perles ne s'usent pas à les porter.

Justement, l'autre jour, je portais une simple robe bleue sur laquelle j'avais épinglé un bijou à perles bleues que j'ai acheté au Japon, il y a longtemps. Ce n'était peut-être pas d'occasion, mais cela me faisait plaisir. Et, lorsque quelqu'un m'a dit que ce bijou à couleur inusitée était beau, je me suis souvenue de mon lointain voyage et de Tokyo, où je l'avais acheté.

Mais il y a bien plus que cela dans le texte de cette vieille dame. Il y a la sagesse de la plénitude de l'âge. Le tri a été fait dans son emploi du temps. L'importance des actes et des choses a changé. Le souci que tout doit être fait pour l'apparence ou pour ce que les autres penseront est disparu.

Voici donc ce texte :

*Je lis plus et j'époussette moins. Je flâne dans la cour en admirant le paysage sans penser aux mauvaises herbes dans le jardin. Je passe plus de temps avec ma famille et mes amis et moins de temps à travailler.*

*Autant que possible la vie devrait être faite d'expériences à savourer, non pas à endurer. J'essaye de reconnaître ces moments et de les savourer.*

Je ne garde rien pour un temps meilleur, nous nous servons de la porcelaine et du cristal chaque jour ou j'en ai envie.

Je porte mon bon veston pour faire le marché. Ma théorie est que si j'ai l'air prospère, je peux me permettre de dépenser 50$ pour un tout petit sac d'épicerie. Je ne garde pas mon meilleur parfum pour les occasions spéciales, je le porte pour les caissiers à la banque et les commis au magasin.

« Un de ces jours » et « un jour » ne font plus partie de mon vocabulaire. Si cela vaut la peine d'être vu, entendu ou fait, je veux le voir, l'entendre ou le faire aujourd'hui. Je me demande ce que d'autres auraient fait s'ils avaient su qu'ils ne seraient pas là pour le lendemain que nous prenons pour acquis. Je crois qu'ils auraient téléphoné aux membres de leur famille et à leurs amis les plus proches. Ils auraient peut-être rejoint certains vieux amis pour s'excuser des chicanes passées et refaire les ponts. J'aime croire qu'ils feraient ce qu' ils croyaient important. Je n'en suis par certaine; je ne saurai jamais. Quant à moi, ce sont ces petites choses que je n'aurais pas faites qui me chagrineraient si je savais que mes heures étaient comptées.

J'aurais du chagrin parce que je n'aurais pas écrit certaines lettres que j'avais l'intention d'écrire, un de ces jours. Je serais peinée de n'avoir pas dit à mon mari et à ma famille que je les aime.

J'essaye de ne pas remettre à demain, retenir ou garder pour moi seule quoi que ce soit qui pourrait ajouter le rire ou la lumière dans la vie de ceux qui m'entourent. Et, chaque matin, en ouvrant les yeux, je me dis que ce jour est spécial; que chaque minute et chaque souffle sont des cadeaux.

Et, je porte aujourd'hui le bracelet en or hérité de ma mère. Je crois que cela lui ferait plaisir; 36 ans après son décès. Et je chéris ce précieux cadeau qu'elle avait reçu lors son mariage.

— Août 2003 —

# La perception de l'âge

L'enfance est la seule période de la vie où nous aimerions être plus vieux.

Un jour, quand j'étais petite, j'étais certaine que ma famille avait oublié de célébrer mon anniversaire de naissance. J'avais cinq ans, mais j'avais la certitude d'avoir vraiment six ans et qu'on avait passé outre à mon changement de « chiffre »!

Un article récent de George Carlin m'a fait penser à cette période lointaine de ma vie et à combien l'âge dépend surtout de la perception.

Si vous avez moins de dix ans, vous êtes tellement content de vieillir que vous comptez en fractions. « Quel âge as-tu? » « J'ai quatre ans et demi ».

Cependant, vous n'avez pas trente-cinq ans et demi. La clé est que si vous avez quatre ans et demi, vous allez vers cinq ans.

À l'adolescence, on ne peut pas vous arrêter. Vous sautez au chiffre suivant, ou même à quelques-uns plus loin. « Quel âge as-tu? » « Je vais avoir seize ans ». Vous pouvez n'avoir que 13 ans, mais…vous aurez seize ans.

Puis, le plus grand jour de votre vie…Vous avez 21 ans.

Même les mots, deviennent une cérémonie. Oui, vous avez 21 ans!!!.

Puis, soudainement, vous avez trente ans. Oh, oh, que vous est-il arrivé?

Vous vous croyez vieux.

Qu'est-ce qui ne va pas? Quel est le changement?

Vous atteignez 21 ans, vous passez à trente ans, puis vous approchez 40.

Holà, il faut appliquer les freins. Cela glisse trop vite.

Avant de vous en rendre compte, vous atteignez 50 ans! Et, où sont vos rêves?

Mais attendez, vous vous rendez à 60 ans. Vous ne croyiez pas le faire.

Vous prenez de la vitesse et vous passez à 70.

Après cela, c'est une histoire de jour : vous voilà à mercredi!

À 80, chaque jour contient un cycle complet : vous arrivez à l'heure du lunch, vous vous rendez à 16h et vous atteignez l'heure du coucher.

Et, cela ne finit pas là.

À 90, vous allez de reculons;

« J'ai juste 92 ans ».

Si vous vous rendez à 100 ans, vous redevenez enfant. « J'ai cent ans et demi ».

La mère d'une amie, qui a fêté ses cent ans il y a quelques mois, m'a dit en souriant, quand je suis allée lui rendre visite : « J'ai cent ans, vous savez ».

Puissiez-vous tous vous rendre à 100 ans, en santé et heureux, comme elle.

Comment rester jeune :

- Éliminez tous les chiffres non essentiels: âge, taille, poids.
- Ne gardez que les amis joyeux.
- Continuez à apprendre : l'informatique, l'histoire, la musique, l'écriture. Peu importe. Ne laissez pas votre cerveau inactif.
- Les choses simples sont les plus satisfaisantes.
- Riez souvent.
- N'oubliez pas que la seule personne avec qui nous passons toute notre vie est nous-même.

– Décembre 2002 –

# Homélie pour mon frère Henri

(À l'occasion du troisième anniversaire du décès de mon frère Henri, qui était horticulteur et le premier de notre génération à quitter notre famille, voici l'homélie que j'ai prononcée lors de son départ.)

Nous voulons rendre hommage à notre frère Henri, l'homme qui plantait des arbres.

Il était au centre, au coeur de notre famille.

Il avait exactement autant d'aînés que de cadets.

Henri était un homme simple, mais combien il se passionnait pour les plantes, en particulier les arbres et surtout les arbres fruitiers.

On dit que pour réussir sa vie on doit laisser le monde un peu meilleur parce que l'on a vécu. On dit aussi que de planter un seul arbre à l'ombre duquel on ne s'assoira jamais, mais de le planter pour le bénéfice de ceux qui suivront est un acte d'amour pour l'humanité.

Henri, qui a planté ou aidé à planter des milliers d'arbres et qui a transmis son amour des plantes à tant de personnes, a certainement, dans ce sens, réussi sa vie.

Et que dire des milliers de greffes d'arbres qu'il a réalisées pour la production de pommes et d'autres fruits dont certaines variétés qu'il a lui-même créées feront le plaisir de générations à venir.

Toutes les connaissances qu'il a accumulées et toutes les recherches qu'il a faites passeront, nous l'espérons, à ceux qui continuent dans ce domaine.

Henri, qui n'était pas intéressé aux luxes de la vie, a laissé sa marque et le monde est un peu meilleur parce qu'il a vécu.

Et je planterai au printemps le Magnolia que nous devions planter ensemble au coin de ma terrasse.

Henri, nous te disons adieu, mais nous ne sommes pas tristes pour toi, car nous savons que tu es dans une autre dimension, que tu es dans la lumière, dans la lumière éclatante du GRAND VERGER ÉTERNEL. Au revoir.

– Mars 1995 –

# Un garçon et sa chatte

La vétérinaire Judith Johnessee entra dans la salle d'attente de sa clinique pour y trouver un jeune garçon qui parlait à sa chatte et la caressait à travers les barreaux de la cage posée sur ses genoux.

Le garçon supplia la vétérinaire de guérir sa chatte malade. Il était si jeune et semblait tellement inquiet. Elle se demanda comment il s'était rendu jusque là.

Elle posa des questions pour savoir ce qui n'allait pas. Contrairement à la plupart des adultes, l'enfant répondit directement et simplement. Tigresse avait eu un appétit normal jusqu'à récemment alors qu'elle avait commencé à vomir à tous les jours. Elle ne mangeait maintenant plus et prenait ses distances de sa famille humaine. Elle avait perdu une livre, ce qui est beaucoup quant on en pèse six.

La chatte était petite et exquise. Elle avait à peu près l'âge de l'enfant et on pouvait comprendre pourquoi il l'avait nommée Tigresse, en voyant les marques de couleur plus foncée sur son poil clair et son visage de tigre miniature.

La vétérinaire examinait Tigresse, tout en lui disant combien elle était belle. Les yeux, la bouche, le coeur, les poumons passèrent l'examen adroit; mais voilà qu'une masse fut découverte à l'abdomen. Au toucher de la masse, la chatte essaya poliment de se sauver.

Comment dire à l'enfant que la chatte qu'il avait probablement eue toute sa vie, avait une tumeur et allait mourir. Même si on enlevait la masse, elle devrait probablement recevoir de la chimiothérapie et ne vivrait pas longtemps. Ce serait coûteux et difficile. Et il semblait si seul! La mort est un sujet que nous évitons aussi longtemps que possible, mais en réalité toutes les choses vivantes que nous aimons mourront. C'est une partie toujours présente de la vie. Notre premier contact avec la mort peut nous servir et nous former. Cela peut être horrible et souffrant ou un soulagement paisible.

La vétérinaire ne voulait pas le fardeau de diriger le petit dans sa douloureuse expérience. Il fallait le faire délicatement et parfaitement pour ne pas risquer de lui causer des cicatrices émotionnelles.

Pourquoi ne pas demander à ses parents? Mais lorsqu'elle regarda le visage de l'enfant, il lui devint impossible de se soustraire à son devoir. Il savait que quelque chose n'allait pas du tout et elle ne pouvait l'ignorer. Elle lui parla donc en tant que propriétaire attitré de Tigresse et lui expliqua ce qu'elle avait trouvé et quelles en étaient les conséquences.

Il écoutait attentivement. Il dit qu'il croyait qu'elle souffrait et il ne voulait pas qu'elle continue de souffrir. Il essayait d'être fort et la vue de ces deux êtres unis brisa le coeur de la vétérinaire. Elle offrit de parler à un parent. Il lui donna le numéro de téléphone de son père. Elle reprit l'explication avec celui-ci tandis que le petit écoutait et caressait sa chatte. Elle lui passa l'appareil pour qu'il parle à son père. Il bougeait et faisait des gestes et sa voix se brisa à quelques reprises, mais lorsque la conversation fut terminée, il se tourna vers elle, les yeux secs, et lui dit qu'ils avaient décidé de la faire endormir.

Pas d'hystérie ni de rage; seulement l'acceptation de l'inévitable. Elle lui offrit de prendre Tigresse pour passer un dernier jour avec elle afin de lui dire adieu. Il refusa; il voulait cependant rester un peu seul avec elle.

La vétérinaire ne pouvait retenir ses larmes en allant chercher le nécessaire. Plus tard, lorsque tout fut terminé, le petit demanda combien il lui devait en lui disant qu'il reviendrait la payer. Elle refusa et offrit plutôt de le conduire à la maison.

– Août 1996 –

# Promenade nocturne

Cette nuit-là, je me suis réveillée sans pouvoir m'endormir de nouveau. Un regard vers mon réveil matin me dit qu'il était quatre heures et cinq. Trop tôt, me dis-je, mais je ne pouvais pas dormir et, me sentant en forme, j'ai décidé de me lever pour commencer ma journée.

Qu'elle ne fut pas ma surprise lorsque, après avoir fait ma toilette matinale, mis les draps dans la lessiveuse, nourri les chats et préparé un café, je vis qu'il n'était que une heure du matin. J'avais mal lu les aiguilles du cadran non numérique. J'avais vu 4h05 au lieu de 1h20!

La nuit était magnifique et je suis sortie pour marcher. Le ciel était éclairé de milliers d'étoiles et je me suis mise à identifier les constellations et astres que je connaissais. Certes, un astronome verrait un ciel beaucoup plus riche que le mien et pourrait en nommer toutes les galaxies, les trous noirs, les géants rouges, les astres et les distances.

Cependant, pour l'illettrée scientifique que je suis, l'incroyable douceur de cette nuit d'automne et ce ciel scintillant qui éclairait ma route me firent penser à d'autres nuits étoilées. Certaines nuits lointaines du temps de mon enfance où nous voyagions en famille, en voiture ou en carriole, alors que mon père dirigeait les chevaux, sont gravées dans ma mémoire.

Je me souviens aussi d'une nuit extraordinaire au Kenya, alors que, en brousse avec un groupe de compagnons de voyage, j'avais observé une éclipse complète de la lune. Allongés sur le dos sur d'épaisses couvertures nous avions passé la nuit à observer le ciel spectaculaire alors que des hommes armés montaient la garde contre les animaux féroces.

Des pas sourds me firent sortir de ma rêverie. C'était mon chat Oscar. Puis, d'autres petits pas, de Félix cette fois, suivirent. Ils venaient se promener eux aussi!

Tout était paisible et portait à la méditation. Un tel décor invite aussi à évaluer des situations et à prendre des décisions.

On se souvient du Premier Ministre Pierre Trudeau, qui prenait des décisions importantes en se promenant seul dans le soir.

– Septembre 1994 –

# Une question d'attitude

L a petite dame de 93 ans, fière et bien mise, toujours habillée à 8 heures le matin, les cheveux bien en place, bien qu'elle soit réputée aveugle, emménageait dans une maison pour aînés.

Son mari, après 70 ans de vie commune, était récemment décédé, ce qui rendait le déménagement nécessaire pour elle.

Après de longues heures d'attente dans le hall d'entrée de la maison, elle sourit gentiment lorsqu'on lui dit que sa chambre était prête.

Alors qu'elle marchait vers l'ascenseur, la préposée lui décrivait la chambre, y compris les jolies tentures à la fenêtre.

« C'est parfait », dit-elle avec l'enthousiasme d'une enfant de huit ans à qui on vient d'offrir un nouveau petit chien.

« Madame, vous n'avez pas encore vu la chambre... attendez ».

« Cela n'a rien à voir », dit la vieille dame, « le bonheur est quelque chose qui se décide à l'avance. Que j'aime ou non ma chambre ne dépend pas de l'ameublement, mais plutôt de mon état d'esprit. J'ai déjà décidé que je l'aime. C'est une décision que je prends chaque matin au lever. J'ai le choix : je peux rester au lit à penser aux parties de mon corps qui ne fonctionnent plus, ou me lever et remercier le ciel pour celles qui fonctionnent encore. Chaque jour est un cadeau, et je centre mon attention sur le nouveau jour et les souvenirs que j'ai emmagasinés juste pour cette période de ma vie ».

La vieillesse est comme un compte en banque – vous retirez ce que vous y avez mis. Donc, je vous conseille de déposer beaucoup de bonheur au compte des souvenirs. Merci de votre participation à remplir mon compte de souvenirs.

Souvenez-vous des cinq règles pour être heureux :

1. Libérez votre cœur de la haine.
2. Libérez vos pensées des soucis.
3. Vivez simplement.
4. Donnez plus.
5. Attendez-vous à moins.

Personne ne peut retourner en arrière et recommencer, mais nous pouvons tous commencer maintenant à construire une toute nouvelle fin.

Dieu ne nous a pas promis des jours sans douleur, le rire sans peine, le soleil sans pluie; mais il a promis la force pour ce jour, le rire après les pleurs et la lumière pour la route.

Les déceptions sont comme les bosses sur la route : elles vous ralentissent un peu, mais vous profitez d'un beau chemin, par la suite.

Ne restez pas sur les bosses trop longtemps. Continuez!

Ne soyez pas malheureux parce que vous n'avez pas eu ce que vous vouliez; soyez heureux, car vous aurez quelque chose de mieux.

Nous passons trop de temps à chercher la bonne personne à aimer ou à voir les défauts de ceux que nous aimons déjà; nous devrions plutôt perfectionner l'amour que nous offrons.

Comme la vieille dame, soyez heureux et en paix.

Comme le dit le Dr Wayne Dyer: « Chaque instant où vous êtes contrarié, désespéré, angoissé, en colère ou blessé par le comportement de quelqu'un d'autre est un instant où vous avez abandonné le contrôle de votre vie ».

– Octobre 2002 –

# Cela suffit!

La semaine dernière, les médias ont été remplis de nouvelles et de commentaires au sujet des attentats du 11 septembre 2001, aux États-Unis. Et, la menace d'une déclaration de guerre par les États-Unis envers l'Irak a fait réagir les gouvernements étrangers et a suscité de nombreux commentaires d'experts à travers le monde. Parmi ces commentaires, on pouvait entendre des experts politiques dire que si une telle guerre avait lieu, on pouvait s'attendre à ce que ce siècle soit le dernier de l'humanité. J'ai même lu sur Internet que la fin pourrait survenir aussi tôt qu'en 2050! Car, dit-on, la vengeance des États-Unis pour les attentats du 11 septembre (ces derniers résultant d'une vengeance envers les États-Unis pour des actes antérieurs) a déjà causé beaucoup de dévastation et la guerre contre l'Irak serait la garantie d'une vengeance dévastatrice aux États-Unis qui aurait des répercussions dans le monde entier. Il se produirait ensuite une escalade irréversible d'attentats et de guerres.

Y a-t-il de « mauvais terroristes » d'un côté qu'on doit punir en tuant une multitude et de « bons terroristes » de l'autre qui, de manière unilatérale, se font justice tout en causant une souffrance incalculable dans d'autres régions du monde.

Les 3 000 pertes de vie dans les attentats du 11 septembre sont certes une tragédie, mais l'envers de la médaille est que plus de 3 000 personnes meurent chaque jour dans le monde, faute d'eau potable. Ce manque d'eau potable est largement causé par les États Unis, le pays le plus pollueur du monde, qui ont refusé de se conformer aux normes établies à Rio, il y a dix ans, et ensuite à Kyoto. Pourtant, la pollution américaine a augmenté de 18% depuis Rio. Le président américain a déclaré que d'appliquer les normes nécessaires nuirait à l'économie de son pays. Pourquoi ne pas prendre une partie des sommes astronomiques votées pour faire la guerre et utiliser ces fonds pour aider les industries à se conformer. De cette manière, on sauverait des vies chaque jour plutôt que d'éliminer des être humains.

J'ai reçu un message par courriel qui affirme que la tragédie américaine du 11 septembre est devenue une tragédie humaine par la mort d'innocents durant les attentats. Ce fut une tragédie pour l'esprit humain, peu importe la nationalité, la religion ou quoi que ce soit d'autre.

Cela suffit. Souvenons-nous, non seulement des victimes dans les avions détournés à New York (et des autres prisonnières des immeubles), mais aussi de celles des bombardements au Kenya et en Tanzanie en 1998. Souvenons-nous de tous les Israéliens tués par les Palestiniens et de tous les Palestiniens tués par les troupes d' Israël. Souvenons-nous de tous les innocents tués par Union Carbide à Bhopal en Inde en 1984. Pensons également aux victimes des guerres génocides en Afrique et aux personnes qui sont mortes de faim à cause de jeux politiques. Pensons enfin aux victimes de la folie d'Hitler et à celles du massacre de Mai Lai.

Faisons du 11 septembre le jour du souvenir de tous ceux qui sont morts, sans raison, aux mains d'autres humains ayant des objectifs politiques différents. Disons hautement que cela suffit. Nous devons décrier, peu importe notre nationalité, notre religion ou notre affiliation politique, toute atrocité commise au nom du nationalisme, de la religion, de frontières artificielles qui essayent de nous faire oublier que nous sommes tous des humains, que nous sommes ici ensemble, des créature fragiles dont la vie peut être enlevée en un instant, sans faute de notre part.

Voyons le 11 septembre comme le jour où les États Unis ont expérimenté l'horreur, qui sonne une cloche à travers le monde, de l'Amérique du Sud au Moyen-Orient à l'Asie; le jour où l'Amérique (y compris le Canada) s'est jointe au reste de l'humanité à un niveau fondamental. Il ne devrait pas y avoir de jour où l'on veuille montrer que l'on est différent.

Cela suffit de placer les intérêts d'une nation devant les intérêts de toute l'humanité. Cela suffit de nous concentrer sur nos petites différences. Et arrêtons de nous entre-tuer pour ces différences. Assez de la haine, de la peur, de la faim, de la violence, assez des bombardements, assez, assez. CELA SUFFIT.

Profitons de ce jour pour nous souvenir de la fragilité de la vie humaine et de tous les cauchemars causés par ceux qui veulent imposer leur volonté à toute l'humanité. Ne commettons aucun acte de violence, si petit soit-il. Soyons libres de toute haine, de tout préjugé, de toute soif de vengeance; regardons-nous dans les autres et voyons les autres en nous-mêmes.

Et prions pour que les Nations unies puissent mettre fin à la folie qui semble sur le point d'allumer un feu de haine incontrôlable dans le monde.

– Septembre 2002 –

# Retour vers le passé

Devant être à Montréal pour célébrer l'anniversaire de mon amie Line, je m'y suis rendue tôt dans la journée pour rencontrer aussi d'autres amis.

Le mercure indiquait -34°C lors de mon arrivée en ville où j'ai rencontré deux amies pour le lunch avant d'aller visiter le Musée des Beaux Arts de Montréal. Nous devions manger au restaurant, mais Cécile insista pour que nous mangions chez elle.

Elle habite seule depuis le décès de son mari et elle devient presque totalement aveugle. Après le repas je l'ai aidée à choisir des livres enregistrés sur cassettes audio, fournis par le Centre pour aveugles. On lui a aussi donné des lunettes spéciales pour regarder la télévision et une montre de poche qui dit l'heure lorsque on appuie sur un bouton. Elle garde la montre dans sa poche et elle peut ainsi savoir l'heure facilement. Comme elle ne peut plus lire son carnet de numéros de téléphone, on lui en a fait une liste en gros caractères pour lui permettre de télé-phoner (l'appareil de téléphone a aussi de gros chiffres). J'étais triste de voir cette amie de plus de 40 ans perdre ainsi la vue. Mais son attitude est positive et elle ne se sent pas victime.

Puis, ce fut la visite au Musée, où j'ai particulièrement aimé l'exposition d'art Inuit avec ses superbes sculptures. La plus ravissante, à mon avis, couvrait une grande surface : un monticule en pierre blanche avec de petites sculptures d'une rare beauté, des iglous, des personnages, des ani-maux et des oiseaux. Ce serait ravissant sur ma table à café!

J'ai ensuite marché rue Sherbrooke à partir du Musée jusqu'à la rue University. Le froid et le vent semblaient me transpercer et rendaient la marche difficile. Je suis passée devant l'immeuble où j'ai travaillé pour la Fiducie d'Immeuble du Canada et des souvenirs de ces années remplirent mes pensées pour un certain temps. Puis, je suis entrée chez Holt Renfrew, non pas pour acheter quelque chose, mais pour me réchauffer avant de continuer ma route. Après une course près de la rue University, j'ai pris le chemin du retour par la rue Sherbrooke. Le vent tentait de m'enlever mon chapeau et le trottoir glissant rendait la marche difficile. À l'hôtel Omni (auparavant le Quatre Saisons) je me suis assise dans le hall d'entrée pour me réchauffer puis, par curiosité, je suis montée au club de santé Gymtech, que j'ai fréquenté pendant plusieurs années, cinq matins par semaine, avant de me rendre au travail. Le club a été amélioré, mais je m'y sentais à l'aise et je me suis assise un moment pour regarder la piscine extérieure chauffée. Et je me suis souvenue d'une autre piscine semblable sur le toit de l'hôtel Bonaventure, que l'on pouvait atteindre par un tunnel, de l'intérieur du club de santé. J'y allais régulièrement lorsque j'avais un bureau dans cet immeuble.

J'invitais parfois ma sœur et ses deux jeunes fils à venir nager le dimanche. Un jour très froid, je nageais avec le plus jeune. Au contact de l'eau plus chaude, l'air froid provoquait une bruine qui rendait la visibilité nulle. Mon neveu fut pris de panique parce qu'il ne voyait rien, et surtout, parce qu'il ne voyait pas sa mère, qui était dehors près de la piscine. Dans sa panique, il me poussait vers le fond. Un enfant apeuré peut être extrêmement fort. J'avais beaucoup de difficulté à refaire surface. Finalement, j'ai réussi et j'ai crié à l'aide, de toutes mes forces, avant de sombrer de nouveau. Je me disais qu'il serait trop bête de me noyer dans une piscine au centre-ville. Je suis finalement remontée et j'ai poussé le petit, avec toute l'énergie qu'il me restait, vers le bord de la piscine et sa mère. Ne voulant pas effrayer l'enfant pour qu'il ne craigne pas l'eau à l'avenir, je faisais semblant que tout allait bien, malgré la grande douleur que je ressentais à la poitrine. J'ai continué à faire mine de rien jusqu'à ce que ma soeur et ses enfants aient mangé et qu'ils soient repartis. (Ce neveu est devenu un excellent nageur et il a été gardien de piscines durant l'été lorsqu'il était étudiant.)

De retour au présent rue Sherbrooke, je reprends ma route vers l'ouest. En passant devant l'entrée de l'Université McGill, le joli paysage du mont Royal s'offre à ma vue. Je me souviens avec joie des longues marches à travers la montagne pendant de nombreuses années. Je connaissais tous les sentiers. Je n'y passerai probablement plus jamais, mais c'est bien ainsi, car j'ai maintenant accès à la forêt, à la rivière et à la campagne.

J'ai de nouveau froid et j'entre à l'hôtel Ritz Carlton. Je m'assois dans le hall, près de l'entrée de la salle de bal et je pense à d'autres souvenirs. Décidément, c'est un jour pour cela. Des images de bals élégants défilent dans mon esprit. Je pense en particulier à un événement, environ deux ans avant Expo 67, pour laquelle je travaillais. Une réception internationale avait lieu dans la salle de bal et dans le jardin lors d'une magnifique soirée d'été. La plupart des invités étaient arrivés et j'attendais les quelques retardataires, à peu près au même endroit où j'étais maintenant assise. Zubin Mehta entra et j'ai eu le plaisir de l'escorter à la réception.

J'ai assisté à plusieurs bals dans cette salle et des images se succèdent de gens avec qui j'y suis venue. Je vois même certaines toilettes que j'y ai portées. C'est un peu comme de regarder un album de photos de ces bals et réceptions. Je pense aussi au mariage de ma cousine pour qui j'étais dame d'honneur et dont la réception eut lieu ici.

Retour au présent. On m'attend à 18 heures. Je reprends la rue Sherbrooke, puis je passe devant les boutiques extravagantes de la rue Crescent en direction de Sainte-Catherine pour aller bouquiner un peu en route tout en quittant le froid extrême de la rue. Une heure est vite passée chez Chapters, que je quitte afin de rejoindre des amis pour célébrer l'anniversaire de naissance d'une bonne et fidèle amie.

– Février 2004 –

# La retraite
# et le vieil âge

L ors de ma dernière chronique, je me suis arrêtée juste
avant de rencontrer un groupe d'amis à Montréal, pour
célébrer le 60ᵉ anniversaire d'une amie de longue date.

Il s'agissait d'un intéressant mélange d'amis et de membres de la famille de la fêtée. C'était un changement pour
moi qui habite maintenant la campagne et j'ai été fascinée
par la vie « active » des autres invités.

À cause du groupe d'âge des participants à la fête, on
parlait de retraite. Est-il préférable d'habiter à la campagne
ou en ville? Qu'en pensez-vous? Trouverais-je la vie
ennuyante à la campagne sans les nombreuses distractions
de la ville? Le rythme plus lent de la campagne me serait-
il utile pour le repos et l'introspection? Pourrais-je
m'adonner à des activités que je n'ai jamais eu le temps de
poursuivre?

À cause de ma vie trépidante passée, certains se
demandaient comment je pouvais être heureuse dans un
environnement simple. Un invité était étonné que je
partage ma maison avec des chats, « Milady with cats », dit-
il, « c'est incroyable ».

Une dame a raconté des anecdotes au sujet de son père
âgé, qui habitait avec elle. Alors qu'il avait 92 ans, le père
sortit un jour pour magasiner pendant que sa fille était au
travail. Il acheta une automobile – une Volkswagen Beetle
d'un bleu vif!

Au repas du soir, il dit : « Je suis allé magasiner aujour-
d'hui ». Il sortait souvent seul pour acheter de petits articles

tels que des chaussettes, du dentifrice ou autres choses du genre. Cependant, ce soir-là, il dit : « j'ai acheté une automobile ». « Mais, c'est impossible », dit sa fille, « tu n'as pas de permis de conduire ». « J'obtiendrai un permis », dit-il. « Qu'as-tu acheté? » « Une Volkswagen Beetle », répondit le père. « Et, où est-elle? Elle n'est pas encore livrée ».

Aussitôt que possible après le repas, la fille téléphona à sa sœur dans Les Laurentides.

« Tu dois faire quelque chose », dit-elle, « Papa a acheté une Beetle bleu vif, j'ai vu le contrat ». « S'il te plait, fais annuler ce contrat ». « Papa ne peut pas conduire, il ne peut pas avoir de permis ».

Quelques jours plus tard, la deuxième fille réussit à faire annuler le contrat. Le représentant au garage lui dit : « Comment pouvions-nous savoir s'il n'achetait pas la voiture pour quelqu'un d'autre? ».

Le vieil homme écrivit au gouvernement pour un permis de conduire. Une réponse arriva bientôt par la poste : « Il nous est impossible d'émettre un permis pour vous, etc ».

Il persista à écrire de nouveau, plusieurs fois, en expliquant pourquoi on devait lui accorder un permis, et chaque fois, le courrier apportait la même réponse inévitable.

Entre temps, la voiture n'était pas livrée et il appelait le garage jusqu'à ce qu'il décide que ce n'était pas un bon garage. Il se rendit donc chez un autre concessionnaire et acheta une autre voiture. Cette fois, il s'agissait d'une Volkswagen Beetle d'un jaune éclatant!

De nouveau, sa fille fit annuler le contrat, avec le même résultat. Le père acheta ensuite une troisième Volkswagen Beetle d'un blanc immaculé.

Finalement, pour en finir, sa fille de Sainte Adèle invita le père à passer du temps avec elle et sa famille. Après quelques jours là-bas, le vieil homme tomba et se blessa. Il fut transporté à l'hôpital de Saint-Jérôme où il demeura pendant quelques jours. Durant ce temps, les deux soeurs et le beau-frère firent les arrangements pour placer le père dans une maison pour personnes âgées au lieu qu'il retourne à la maison.

Ce dénouement me semblait triste pour le vieil homme. Mais sa fille me dit que non, ce ne l'était pas. Il s'adapta vite à sa nouvelle vie et se mit à rendre service aux autres pensionnaires, aux femmes surtout!

Il fait des courses dans les magasins avoisinants et apporte La Presse quotidienne à plusieurs. Malgré son âge, il aide encore les autres en égayant leurs vies par de petits cadeaux ou en les aidant physiquement. Il joue au bridge, pour que « sa matière grise ne fige pas ».

J'ai vérifié cette histoire auprès d'autres personnes présentes qui toutes, en riant, l'ont confirmée. Elles ont de l'admiration pour cet homme qui ne vieillit pas.

– Février 2004 –

# La stupidité à l'honneur

Au cas où vous auriez besoin de preuve additionnelle quant à la stupidité humaine, voici des « modes d'emploi » sur des étiquettes de produits de consommation :

Sur un sèche-cheveux Sears - N'utilisez pas durant votre sommeil (et moi qui n'ai pas d'autre temps pour m'occuper de mes cheveux)

Sur un sac de Fritos — Vous pourriez gagner! Aucun achat nécessaire. Détails à l'intérieur. (quoi, le spécial du vol à l'étalage)

Sur un pain de savon Dial — Utilisez comme du savon régulier. (et comment cela pourrait-il bien être ???)

Sur des repas congelés – Suggestion pour servir : Dégelez (ce n'est qu'une suggestion)

Sur un dessert Tiramisu (imprimé en dessous) – Ne pas tourner à l'envers (Oh! un peu tard?)

Sur le pudding au pain Marks & Spencer – Le produit sera chaud lorsque réchauffé. (et vous pensiez???....)

Sur l'emballage d'un fer Rowenta – Ne pressez pas les vêtements sur le corps (mais, cela sauverait du temps, non?)

Sur le sirop Boot pour la toux des enfants – Ne pas conduire une automobile ni utiliser de l'équipement après
avoir pris ce médicament. (On pourrait réduire les acci-
dents de la construction si les enfants de cinq ans
enrhumés ne conduisaient pas de chariots élévateurs ???)

Sur le médicament Nytol pour le sommeil – Attention :
peut causer la somnolence. (et on prend cela pour?)

Sur plusieurs marques de jeux de lumières de Noël – Pour
l'intérieur et l'extérieur seulement (par rapport à quoi?)

Sur un robot culinaire japonais — Ne pas utiliser pour
d'autres usages. (Quelqu'un peut-il m'expliquer, je suis
curieuse)

Sur un sachet d'arachides Sainsbury — Avertissement :
peut contenir des noix! (on peut dire que c'est une nouvelle???)

Sur un sachet d'arachides dans un avion d'American
Airlines — Instructions : ouvrir le sachet, manger noix. (3e
étape, voyager à bord d'une autre ligne aérienne ?)

– Février 2004 –

# Les anti-dépresseurs

Une augmentation des effets secondaires des anti-dépresseurs inquiète le public. Des questions ont été soulevées au sujet de la sécurité de ces médicaments – entre autres Paxil – après qu'une étude ait révélé que l'un des effets secondaires était le risque de suicide.

La FDA américaine a hésité à prendre des mesures, mais de nombreuses plaintes l'ont forcée à demander aux fabricants de 10 antidépresseurs d'avertir les médecins et les patients du danger de suicide et du risque d'augmentation des symptômes dépressifs associés à ces médicaments.

Suite aux nouvelles négatives au sujet des anti-dépresseurs, de plus en plus de faits inquiétants ont été découverts. Même la FDA avait décidé d'ignorer les découvertes négatives résultant d'études reliées aux antidé-presseurs. Cette agence s'est aussi traîné les pieds quant à la recommandation d'ajouter une mise en garde pour les médecins et les patients de peur que les compagnies phar-maceutiques fassent face à des problèmes de responsabilité (depuis quand doit-on s'inquiéter des richissimes compag-nies pharmaceutiques au lieu des patients?).

Le nombre d'ordonnances continue de croître quand même, particulièrement pour les enfants et les adolescents. Le plus inquiétant est que la plus grande augmentation concerne les enfants d'âge préscolaire. Comment peut-on justifier une telle folie?

D'autres statistiques démontrent que les ventes d'anti-dépresseurs ont atteint un total de 37 milliards de dollars en

2003. Ce montant est de 9 millions supérieur aux traitements cardiaques, artériels et d'hypertension.

Les nouvelles négatives ont ouvert une sorte de boîte de Pandore et donné lieu à de nombreuses publications, telles que le *Washington Post* et le *Wall Street Journal*, qui ont fait état de pratiques horrifiantes :

- les études pour médicaments dont les résultats sont négatifs sont ignorées, de manière routinière
- l'existence de ces « études de tiroir de classeur » est bien connue des chercheurs, des psychiatres et des responsables de la FDA
- la majorité des études démontre que les antidépresseurs n'offrent aucun bénéfice aux enfants (pourtant, on les force à avaler ces médicaments qui risquent de leur causer de graves problèmes)
- les études concernant les adultes ne sont pas beaucoup plus convaincantes.

L'antidépresseur Serzone, fabriqué par Bristol-Myers Squibb, ayant fait l'objet d'une foule de poursuites juridique, les ventes ont grandement diminué. On a démontré le lien entre le Serzone et au moins 20 décès.

Le fabricant a retiré ce produit du marché aux États-Unis, en Australie et en Nouvelle Zélande. Le Canada a, pour sa part, annoncé que ce médicament avait été retiré du marché au pays à cause du danger qu'il représente pour le foie et qu'il était impossible de déterminer quels patients pourraient être à risque de graves problèmes hépatiques.

L'histoire de Serzone :

- les ventes ont débuté en 1994
- depuis cette date, la FDA a été informée de 55 cas d'arrêt du foie, dont 20 décès, et de 39 cas de blessures graves au foie.
- en 2002, la FDA a exigé un avertissement sévère au sujet de ce médicament tout en affirmant que les cas de toxicité étaient rares!

Le Serzone a fait l'objet d'une poursuite contre la FDA l'an dernier.

Selon le Dr Mercola, le plus tragique au sujet des anti-dépresseurs est que les personnes déprimées souffrent souvent d'un déséquilibre nutritif.

La diète d'un grand nombre de Nord-Américains comprend des boissons gazeuses, des céréales sucrées, des biscuits, des croustilles, des beignes, de la crème glacée, de la pizza, des huiles végétales et autres qui contiennent des gras trans et omega-6, alors qu'ils ont un manque de gras omega-3. Selon Mercola, ce qui est le plus surprenant, c'est que ces gens survivent à cet assaut.

La majorité des Nord-Américains ont une carence en gras omega-3 et de nombreuses études ont démontré que les omega-3 contenus dans l'huile de poisson ont pour effet de diminuer la dépression.

Le livre « The Omega-3 Connection », écrit par le Dr Stoll, psychiatre, contient de nombreux exemples démontrant la grande utilité de l'huile de poisson, non seulement contre la dépression, mais aussi à cause de nombreux autres avantages pour la santé.

Il y a certainement des cas où des facteurs émotionnels contribuent à la dépression et que ces cas ne peuvent être corrigés seulement par une diète adéquate. Cependant, ce n'est pas une raison pour donner « carte blanche » à l'utilisation de drogues affectant le cerveau pour traiter des symptômes.

L'utilisation de ces drogues est d'autant plus problématique que les études prouvent que les antidépresseurs ne sont pas beaucoup plus utiles que des placebos et qu'ils augmentent le risque du suicide.

– Juillet 2004 –

# Une rencontre fortuite

J'attends une chirurgie dans un genou depuis plusieurs mois, mais il semble que ce n'est pas pour demain à cause de compressions budgétaires dans le système de santé. Cela doit être frustrant pour les médecins et pour le personnel hospitalier, qui doivent répondre aux patients impatients.

Comme je n'ai jamais auparavant eu une telle expérience, j'étais assez naïve pour croire que cette chirurgie serait faite assez rapidement puisque le médecin responsable de l'arthrographie m'avait prévenue qu'il était urgent de subir cette chirurgie, sinon je risquais de tomber et de me blesser gravement. Mais le système n'est pas ainsi fait.

Les urgences passent en premier et les noms en attente ne bougent que très lentement vers le haut de la liste. À l'hôpital BMP, on doit de plus recevoir tous les blessés du ski des centres environnants, dont Bromont et Sutton. Puisqu'il s'agit d'urgences, ces cas sont traités en priorité refoulant ainsi les noms sur la liste d'attente plus loin vers le bas.

Je ne peux pas tolérer les anti-inflammatoires. D'ailleurs, j'ai lu qu'une étude américaine rendue publique récemment précisait que ces médicaments, pris à long terme, peuvent causer de graves problèmes de reins. Cette étude affirme que 15 pour cent des cas de dialyse sont causés par les anti-inflammatoires. Un grand athlète américain attend même une greffe de rein, ce qui, au dire des responsables de l'étude, inquiète beaucoup les autres athlètes professionnels qui prenaient ces médicaments suite à leurs blessures répétées.

De plus, j'ai eu une réaction grave à la suite d'une injection de cortisone dans le genou (vraisemblablement, un angioedème). Cette forme de soulagement de la douleur n'est donc pas pour moi non plus. J'utilise mal mon corps à cause de mon problème de genou, ce qui fait que la jambe ainsi que la hanche opposées sont devenues très douloureuses. Des traitements thérapeutiques et de réflexologie m'aident, mais tant que la cause ne sera pas réglée, il y a des limites au succès de ces thérapies.

Malgré cela, lorsqu'une très bonne amie m'a recommandé de consulter une kinésiologue à Montréal, j'ai immédiatement pris un rendez-vous et je me suis fait conduire à son bureau. Après le traitement, j'ai ressenti une énergie subtile circuler de la tête aux pieds et la nuit suivante, j'avais une telle sensation de bien-être que je ne voulais pas m'endormir. Hélas, il y a une limite à de tels traitements lorsqu'il faut embaucher un chauffeur pour voyager à Montréal et payer le traitement. Et puis, aussi longtemps que la cause n'est pas éliminée, les bénéfices sont probablement temporaires.

Toujours est-il que je marchais rue Sherbrooke, presque à sa limite ouest, en compagnie de mon « chauffeur », lorsque j'entendis une voix faible dire: "Help us please." En me retournant, j'aperçois une vieille dame accrochée à un gros arbre. Elle tente de mettre le pied par terre, mais elle sent plutôt une grosse racine qui dépasse du trottoir et elle a peur. La dame qui l'accompagne est péniblement appuyée sur une canne. Celle-ci me dit que sa compagne est aveugle et qu'elle a perdu sa canne blanche dans un taxi. Il me semble que celle qui prend soin de la vieille dame aveugle est aussi mal en point que l'autre et la phrase anglaise me vient à l'esprit : "the blind leading the blind". Je réussis à détacher la dame aveugle de l'arbre, je lui prends le bras et la dirige vers un restaurant tout près alors que le chauffeur marche devant nous cn aidant l'autre dame. Nous nous arrêtons près d'un autre gros arbre et je lui prends les mains pour les réchauffer.

Il semble qu'elle a aussi laissé ses gants dans le taxi et que, par surcroît, le chauffeur ne l'a pas aidée et qu'il a été impoli. Mais elle a un bon sens de l'humour et fait des blagues. Je l'aide à contourner les grosses racines et nous rejoignons les autres à la porte du restaurant. Quelques marches et des portes d'entrée difficiles à tenir et nous sommes à l'intérieur, à la chaleur.

Le « chauffeur » prend une table pour lui et moi tandis que je m'attarde à bavarder avec les deux dames. L'aveugle me dit que sa compagne prend soin d'elle, que c'est beaucoup de travail et de soucis. "God must have put you on our way today", dit l'autre, qui me demande de prier pour elles. Elle a, dit-elle, été victime d'un accident d'automobile et après une chirurgie dans la colonne vertébrale, les médecins ne peuvent plu rien pour elle. Je lui dis que je viens de voir une thérapeute qui m'a fait du bien. Pourquoi n'iriez-vous pas la voir? Nous lui téléphonons, mais elle ne répond pas. Elle est peut-être avec un client. Je donne donc les coordonnées à cette femme qui dit s'appeler Irène Lemieux et je quitte les deux dames alors que leur soupe est servie. Et je me demande qui viendrait à leur secours, si quelque chose arrivait à celle qui prend soin de l'autre. Étant aveugle, l'autre pourrait-elle téléphoner pour demander de l'aide? Il y a toujours des gens plus mal pris que soi.

Quelques jours plus tard, j'ai téléphoné à la kinésiologue pour lui dire combien son traitement m'avait aidée. Elle m'a dit que Irène Lemieux l'avait appelée et avait pris rendez-vous, mais qu'elle ne s'était pas présentée à l'heure convenue. Elle lui a donc téléphoné et Irène lui a dit qu'elle ne pouvait s'y rendre parce qu'elle ne se sentait pas bien. « Vous savez, dis-je, je ne connais vraiment pas cette dame; je l'ai rencontrée par hasard et j'ai pensé que vous pourriez l'aider ». Je me demande si elle acceptera d'aider Irène si celle-ci sollicite un autre rendez-vous…

– Mars 2002 –

# L'erreur médicale

Dans son numéro du mois d'août dernier, le magazine *L'Actualité* publiait un article sur les erreurs médicales dans nos hôpitaux. « Jusqu'à récemment, on ignorait le nombre d'erreurs commises dans les hôpitaux canadiens. Un groupe composé de divers chercheurs, dont trois Québécois, apporte une première réponse : on compte 7,5 événements indésirables pour 100 hospitalisations; plus de 1 sur 3 (36,9%) auraient pu être évités. La taille de l'hôpital ou sa vocation ne semble pas jouer de rôle majeur ».

Par « événement indésirable », on parle de blessure ou de complication imprévue résultant des soins prodigués : réaction allergique, paralysie, infection, décès. Parmi les exemples d'incidents évitables, on compte les diagnostics ou les traitements retardés, les médicaments contre-indiqués, etc.

En extrapolant à l'échelle du Québec, cela signifie que, sur les 615 629 admissions de 2002-2003, 46 172 événements indésirables sont survenus, dont 17 000 auraient pu être évités. Les situations les plus à risque sont les interventions chirurgicales et l'administration de médicaments. La recherche faite dans 20 hôpitaux répartis dans cinq provinces se poursuit jusqu'à l'automne dans 16 établissements québécois, à l'initiative du ministère de la Santé, qui veut « en savoir plus ».

Aux États-Unis, on parle de tels problèmes depuis longtemps et plusieurs études ont été faites dans ce domaine. Un article paru dans le Journal of the American Medical Association (JAMA) en 2000 était intitulé: "Doctors are the third cause of death".

Une étude américaine récente faite par Gary Null

PhD, Carolyn Dean MD, ND, Martin Feldman ND, Debora Rasio MD et Dorothy Smith PhD conclut que le système de santé moderne constitue la cause première de décès de la population.

Ils ont publié de longs articles après une recension exhaustive d'articles de revues médicales, arrivant à la conclusion que le système de santé américain cause plus de tort que de bien. Selon eux et de nombreux articles parus, le nombre annuel de procédés médicaux et chirurgicaux non nécessaires se chiffre à 7,5 millions tandis que le nombre annuel d'hospitalisations non nécessaires atteint 8,9 millions. Le nombre de décès à cause d'erreurs d'un médecin ou d'un chirurgien ou de traitements atteint 783 936 annuellement!

Il semble donc évident que **le système de santé américain est la cause première de décès ou de blessures aux États-Unis**. Le taux annuel de décès cardiaques en 2001 était de 699 697 et celui des décès dus au cancer était de 553 251.

Les chiffres annuels concernant les décès causés par des interventions médicales, projetés sur dix ans, affichent un total de 7,8 millions de décès, ce qui est plus que **tous les décès survenus dans toutes les guerres américaines à travers l'histoire des U.SA.**

Les statistiques sur dix ans pour les interventions médicales non nécessaires sont tout aussi dramatiques. Au total, 164 millions d'Américains, soit environ 56 pourcent de la population, ont été traités inutilement par l'industrie médicale, ce qui représente près de 50 000 personnes par jour!

C'est la première fois qu'une étude poussée et une revue des articles de la science médicale ont été combinées. Chaque spécialité médicale, chaque division de la médecine tient ses propres registres et données sur la morbidité et la mortalité. Les chercheurs impliqués ont révisé des milliers et des milliers d'études. En mettant les pièces ensemble, ils sont arrivés à des conclusions inquiétantes.

Les coûts exorbitants des services de santé en Amérique du Nord devraient garantir les meilleurs soins au monde. Nous devrions guérir la maladie, la **prévenir** et faire le moins de tort possible. Cependant, une étude objective, exhaustive et détaillée montre le contraire. Selon ces chercheurs, le contexte extraordinairement étroit de la technologie médicale contemporaine pour l'évaluation de la condition humaine ne permet pas de voir le tout.

À leur avis, la médecine ne prend pas en considération les aspects suivants d'un organisme humain sain, qui sont pourtant d'une importance capitale:

- le stress et comment il affecte le système immunitaire et le processus de la vie
- le manque d'exercice
- l'absorption de calories excessives
- la nourriture dénaturée et transformée, cultivée dans un sol appauvri et endommagé par les produits chimiques.

Au lieu de s'attaquer aux effets de ces facteurs qui causent la maladie, nous engendrons encore plus de maladie par l'utilisation de la technologie médicale, de tests diagnostiques, l'usage excessif des procédés médicaux et chirurgicaux ainsi qu'une utilisation démesurée de drogues pharmaceutiques. **Cette stratégie thérapeutique rend de très mauvais services et a pour résultat que peu d'efforts ou d'argent sont utilisés pour la prévention de la maladie**.

Les auteurs de cette étude disent aussi qu'aussi peu que 5% des actes médicaux négatifs sont dénoncés. Ceci implique que si les erreurs médicales étaient toutes correctement signalées, les chiffres seraient beaucoup plus élevés que ceux qu'on publie. En 1994 déjà, le Dr Leape affirmait que ses chiffres de 180 000 erreurs médicales annuelles étaient l'équivalent de trois jets jumbos tous les deux jours. Maintenant, les statistiques sont l'équivalent de six jets jumbos tombant du ciel chaque jour.

Le gouvernement sait très bien que de bonnes habitudes de vie, une alimentation saine et un exercice adéquat permettent de vivre en santé, et non pas une surconsommation de médicaments chimiques qui rend les compagnies pharmaceutiques toujours plus riches au détriment de la santé de la population.

**Pourquoi ce même gouvernement dépense-t-il autant d'argent des contribuables pour les services à la maladie au lieu de renseigner la population sur la prévention et les conditions requises pour demeurer en santé?**

Je suis toujours triste en voyant des mères de famille pousser un chariot d'épicerie rempli de céréales sucrées, de jus sucrés, de boissons gazeuses néfastes, de pâtisseries et autres articles loin d'être salutaires. N'y aurait-il pas moyen d'aider les gens à s'aider eux-mêmes en les renseignant. Ce serait beaucoup plus économique, à long terme, que de construire des mégahôpitaux pour une médecine que l'on doit remettre en question de plus en plus.

– Juillet 2004 –

# Et on appelle certains d'entre eux « arriérés »

Il y a quelques années, aux Jeux olympiques spéciaux à Seattle, neuf jeunes participants, chacun handicapé physique ou mental, s'assemblèrent à la ligne de départ pour le sprint de 100 mètres. Au signal, ils avancèrent tous, pas exactement en sprint, mais remplis du désir de compléter la course.

Au milieu du parcours, un garçon trébucha, roula sur le pavé en s'écorchant un genou et se mit à pleurer. Les huit autres participants l'entendirent. Ils ralentirent et se retournèrent. Puis, tous les huit rebroussèrent chemin pour aller au secours de leur compagnon.

Une jeune fille souffrant de mongolisme, se pencha et embrassa le garçon pleurant par terre et lui dit: « Ceci te guérira ».

Puis, les neuf se joignirent en se tenant par les bras et marchèrent ainsi jusqu'à la ligne d'arrivée.

Toute la foule présente dans le stade se leva pour applaudir. Le tonnerre d'applaudissements dura de longues minutes, au plus grand plaisir des neuf enfants.

Le gens présents ce jour-là parlent encore de ce moment inoubliable.

Pourquoi?

Parce qu'au fond de nous, nous savons que ce qui compte dans la vie n'est pas de gagner pour nous-mêmes. Ce qui compte vraiment est d'aider les autres à gagner, même si cela exige que nous ralentissions et changions de direction.

Une chandelle ne perd rien de sa luminosité en allumant une autre chandelle!

Et, pour emprunter les mots célèbres du père des Jeux olympiques de l'ère moderne, Pierre de Coubertin: « l'important n'est pas de gagner mais de participer ».

Dans son dernier discours, adressé à la jeunesse du monde à la veille des Jeux olympiques de Berlin en 1936, il disait : « Je demande à la jeunesse du monde d'accepter l'héritage de mon travail afin que soit scellée définitivement l'union des muscles et de la pensée, pour le progrès et pour la dignité humaine ».

Il aurait été fier des enfants de Seattle.

– Août 2003 –

# Dix jours de méditation silencieuse

S'il vous était possible de tout laisser et de vous isoler durant dix jours dans un endroit paisible au milieu d'un paysage enchanteur, et que là, tout soit fait pour vous, gîte et repas compris, et si tout ce que vous aviez à faire serait de garder le silence et les yeux fermés en méditant sur un objet donné, accepteriez vous cette offre?

Voilà ce que j'ai fait récemment. J'ai passé dix jours et douze nuits dans un tel endroit, au centre de méditation Vipassana à Sutton, dans les Cantons-de-l'Est. Après vingt ans de location d'espaces ici et là au Québec et en Ontario, pour ces cours de dix jours, la fondation Vipassana de l'est du Canada a finalement trouvé et acheté un centre approprié près de Sutton, il y a environ deux ans. On y donne des cours réguliers et des sessions plus courtes pour les initiés.

Le programme comprend de neuf à onze heures de méditation par jour et je me demandais comment j'allais réagir à autant d' « introspection ». Cela fait un peu peur, n'est-ce pas? Je savais très bien (intellectuellement) qu'il y avait en moi des choses profondes que je ne voulais pas vraiment voir. Mais j'étais là et j'allais y demeurer pour tout le cours; je verrais bien.

L'horaire est chargé et permet une pratique continue (ou presque) depuis le réveil à 4 heures du matin au coucher à 21h30. Il y a ségrégation des hommes et de femmes (pour éviter les distractions).

Il ne s'agit pas d'un rite ou d'une religion. Bien au contraire. Il s'agit plutôt d'une technique vieille de plus 2 500 ans qui implique le corps et l'esprit. Le mot Vipassana veut dire « voir les choses telles qu'elles sont en réalité » et la technique en est une d'observation de soi. Aucun objet, aucune image, aucun mantra, musique ou autre moyen n'est utilisé pour cette méditation. Le but est d'apprendre à ne pas réagir aux situations et aux événements, de purifier et d'aiguiser l'esprit et de comprendre que tout passe, autant ce que nous aimons que ce nous tenons en aversion.

C'est une technique très simple (cela ne veut pas dire facile) d'observation de la respiration d'abord. Il ne s'agit pas de respirer de telle ou telle manière, mais d'observer la respiration naturelle et normale sans la changer et ainsi de concentrer l'esprit. Voilà le travail des trois premiers jours de méditation.

Il faut dire que ces heures de méditation sont entrecoupées de bons repas végétariens, de périodes de repos et de temps d'introspection alors que l'on peut se promener à l'extérieur et admirer le mont Pinacle et la superbe nature environnante. J'ai donc pu admirer cette montagne aux légendes glorieuses sous les reflets du soleil levant et du soleil couchant, au clair de lune, sous les nuages et baignée de soleil.

Le silence ne pèse pas, tout est calme et reposant. Il est interdit de parler ou de contacter les autres méditants que quelque manière que ce soit, mais les personnes responsables sont toujours là pour répondre aux questions posées en privé, à voix basse. En fait, tout est affiché sur un grand tableau et peu ou pas de questions sont vraiment nécessaires. Il semble que les responsables devinent les problèmes et ils font tout pour le confort des méditants. On se sent même dorloté. Tout est fait avec gentillesse, amour et compassion.

Il faut, bien sûr, travailler sérieusement et de manière systématique en suivant les directives de l'enseignant et les discours quotidiens. Et l'atmosphère s'y prête merveilleusement bien.

Au quatrième jour, il est temps de passer à la méditation Vipassana proprement dite, qui consiste à se concentrer sur les sensations que l'on ressent à travers le corps. Nous apprenons à comprendre la nature changeante de ces sensations et à l'accepter avec équanimité en comprenant la non permanence de ce que nous ressentons et que tout est éphémère dans la vie. Après quelques jours ainsi passés à méditer sur les sensations toujours changeantes du corps, on arrive au dixième et dernier jour du cours et à la méditation de la compassion. C'est une très belle méditation, appelée Metta, lors de laquelle les étudiants partagent avec tous les êtres une certaine pureté d'esprit acquise durant le cours.

Durant le dixième jour on rompt le silence (il faut réapprendre à parler avant de réintégrer la société). Il est étonnant de comprendre jusqu'à quel point nous connaissons les personnes que nous avons côtoyées en silence.

Les méditants n'ont pas à payer pour le cours ni même pour le gîte et les repas. Tous les frais sont payés par des dons de personnes qui ont suivi le cours auparavant, qui en ont tiré des bienfaits et qui ont voulu aider d'autres personnes à en bénéficier. Tout le personnel est bénévole, tant l'enseignant que les personnes responsables et les aidants à la cuisine ou ailleurs. Personne ne reçoit de rémunération de quelque nature que ce soit.

Après le cours, les nouveaux méditants feront des dons s'ils le jugent à propos et contribueront ainsi à aider d'autres personnes à s'initier à cette merveilleuse technique de méditation.

Personne ne s'inquiète de l'avenir du Centre. Depuis l'achat de la propriété à l'automne 1999, des cours ont été offerts régulièrement et une somme importante a été remboursée sur le capital investi. Tél. 514 481-3504. www.suttama.dhamma.org.

– Janvier 2002 –

# Problèmes dans les soins de santé

Dans ma chronique de la semaine dernière, je vous ai fait part d'une étude exhaustive et indépendante des services de santé américains effectuée par Gary Null, PhD, Carolyn Dean, MD ND, Martin Feldman MD, Debora Rasio MD et Dorothy Smith PhD. Ils ont étudié plusieurs milliers de dossiers, de rapports médicaux et d'articles dans des revues médicales et en sont venus à des conclusions très inquiétantes, dont: le système de soins de santé est la cause première de décès de la population.

Les rapports de cette étude sont volumineux et détaillés et des solutions sont suggérées pour améliorer la qualité des soins. En réalité, les médecins eux-mêmes ne sont pas, en général, responsables de cet état de choses. Cependant, le système moderne de santé a une grande responsabilité en permettant un nombre énorme de procédés non nécessaires, d'ordonnances de drogues et de mésaventures.

Une partie des conclusions concerne l'utilisation d'antibiotiques. Les chercheurs déclarent que les antibiotiques sont anti-vie. En 2003, un programme de sensibilisation commencé en 1995 et appelé : "Get smart: know when antibiotics work". Il s'agit d'une campagne de 1,6 millions de dollars pour éduquer la population au sujet de l'usage incorrect et dangereux d'antibiotiques. La plupart des gens en médecine alternative savent cela depuis des décennies. Finalement, le gouvernement reconnaît le problème; cependant, on investit un montant minuscule pour contrer cette épidémie qui coûte des milliards de dollars et des milliers de vies, selon les auteurs de cette recherche.

La campagne du gouvernement américain au sujet des antibiotiques met en garde contre l'utilisation d'antibiotiques dans la très grande majorité d'infections respiratoires, y compris les infections d'oreilles des enfants, car ces infections sont virales et les antibiotiques n'agissent pas dans les cas de virus. Les chercheurs ont estimé qu'environ la moitié des ordonnances d'antibiotiques dans les bureaux de médecins sont inappropriées. De plus, l'usage d'antibiotiques, lorsque ce n'est pas nécessaire, peut amener le développement de souches mortelles de bactéries qui résistent aux médicaments et qui sont la cause de plus de 88 000 décès annuels dans les hôpitaux américains.

Les Dr Richard Besser, chef du programme "Get smart", dit que les programmes s'adressant seulement aux médecins n'ont pas connu de succès et que la publicité directe aux consommateurs est responsable de l'usage excessif d'antibiotiques. Cependant, les antibiotiques ne sont disponibles que sur ordonnance médicale et les médecins devraient savoir quand et comment en prescrire.

Les chercheurs se demandent pourquoi le programme gouvernemental ne parle pas des nombreux éléments naturels éprouvés scientifiquement pour le traitement des infections virales et pour améliorer le système immunitaire et pourquoi les patients n'en sont pas informés par leur médecin alors que des centaines d'articles de publications médicales soutiennent cette approche naturelle. (D'autres études récentes concluent que prendre des antibiotiques prédispose à souffrir d'allergies et d'asthme).

Selon l'étude dont il est question ici, une vision extrêmement étroite et le refus d'utiliser des avenues non pharmaceutiques sont tout à fait inappropriés alors que le gouvernement tente désespérément d'enrayer le cauchemar de l'utilisation abusive d'antibiotiques. De l'avis des chercheurs, il en est ainsi pour tous les médicaments prescrits présentement.

Les médicaments polluent notre eau. Nous en sommes au point de saturation de l'eau par les médicaments. Toutes les eaux testées dans les lacs et autres plans d'eau contiennent des résidus mesurables de médicaments. Nous sommes inondés de médicaments.

Les chasses d'eau des toilettes distribuent des tonnes de résidus de médicaments qui se retrouvent dans les systèmes d'eau potable. Personne ne peut dire qu'elles seront les conséquences à long terme pour la santé d'absorber un mélange de drogues et de résidus de médicaments, en particulier pour les enfants. Il s'agit d'une autre maladie iatrogénique impossible à mesurer complètement.

Il y a aussi les anti-inflammatoires, au premier rang des médicaments prescrits couramment, qui causent des réactions adverses graves. Les résultats de l'étude laissent entendre que les médecins ne sont pas bien renseignés sur ces médicaments et leurs effets secondaires et qu'ils ne peuvent pas contrôler les réactions adverses importantes.

Les chercheurs s'en prennent aussi à la chimiothérapie utilisée contre le cancer. Il n'y a pas eu de suite à la publication du Dr Ulrich Abel PhD sur la chimiothérapie parue en 1989. Selon eux, il serait important de faire la recherche nécessaire pour déterminer si la chimiothérapie est elle-même responsable des cancers secondaires au lieu de la maladie originale. Les auteurs continuent de demander pourquoi les traitements alternatifs bien éprouvés ne sont pas utilisés.

Pour ce qui est de chirurgies non nécessaires, 7,5 millions d'entre elles ont eu lieu aux États-Unis en 2001 résultant en 37 136 décès, au coût de 122 milliards de dollars (en dollars de 1974, alors qu'un total de 2,4 millions ont été faites pour un coût de 3,9 millions de dollars). Selon le Dr Leape, 30 pour cent des chirurgies controversées ne sont pas nécessaires. Les chirurgies controversées comprennent :

- les césariennes

- l'ablation des amygdales
- l'ablation de l'appendice
- l'hystérectomie
- la gastrectomie pour obésité
- les implants mammaires

Beaucoup d'autres traitements douteux quant à leurs bienfaits sont aussi décrits dans cette étude dont la conclusion est que les médicaments et les interventions médicales représentent la principale cause de décès aux États-Unis avec un total de 738 000 décès annuels. Et, au Canada?

– Août 2004 –

# La nouvelle spiritualité

J'ai récemment écrit sur la série de livres de Neale Donald Walsch qui font partie des succès de librairie récents : *Conversations with God*, tomes 1, 2, 3, *Friendship with God*, *Communion with God*, *The New Revelations* et *Tomorrow's God*.

La nouvelle spiritualité contenue dans ces livres offre une solution aux problèmes actuels de l'humanité. Il s'agit vraiment d'un problème spirituel plutôt que politique, économique ou militaire. Il est essentiel que les humains changent leurs croyances et qu'ils cessent de tuer au nom de Dieu, d'Allah, de Muhammad ou de Jéhovah ou de tout autre nom qu'on donne à l'Être suprême. Il s'agit du même Dieu, peu importe le nom qu'on lui donne et aucune religion n'est meilleure que les autres. Toutes ont contribué à la contradiction dans l'esprit des gens entre la bonté de Dieu et les horreurs commises en son nom.

*Tomorrow's God* offre une tout autre notion pour remplacer ce qui nous a été raconté et enseigné au sujet de Dieu. La grande différence, le message essentiel, est que Dieu n'est pas séparé de ses créations. C'est le message de la nouvelle spiritualité et le message qui manque dans les grandes théologies du monde. Voilà pourquoi l'humanité n'a pas réussi à créer un monde d'harmonie, de paix et de bonheur et pourquoi les religions sont responsables du fait que des millions d'être humains n'expérimentent pas l'unité avec le Créateur et avec les autres humains.

Si l'humanité adoptait ce « message manquant » comme sa nouvelle vérité en religion – tout comme elle adopte régulièrement de nouvelles vérités en médecine, en science et en technologie – le monde pourrait changer en un jour. Car l'idée que vous et tous les autres humains ne faites qu'un avec Dieu et avec les autres est une idée psychologiquement et spirituellement révolutionnaire.

Se pourrait-il que ce soit la pièce manquante, la raison pour laquelle la religion, malgré ses efforts et sa sincérité, n'a pas été efficace, au cours des siècles, pour changer le comportement de violence et d'autodestruction des fidèles. De plus en plus de gens adhèrent à cette nouvelle manière de penser. Il faut cependant que l'humanité qui pense en ce sens atteigne une « masse critique » pour faire une différence dans le monde et assurer la survie de la race humaine.

Dans le tome 1, Dieu dit d'accepter ce que nous sommes (un avec Lui) et de le démontrer dans notre vie. « Voilà ce que Jésus a fait. C'est la voie de Bouddha, la manière de Krishna et le sentier de tout Maître qui est venu sur la planète. Et tous ont laissé le même message. « Ce que je suis, vous l'êtes. Ce que je peux faire, vous le pouvez aussi. Ces choses, et plus encore, vous les ferez aussi ».

« Vous dites qu'il est difficile de suivre les traces du Christ, de suivre les enseignements du Bouddha, d'être un maître », ajoute Dieu. « Cependant, je vous le dis : il est beaucoup plus difficile de renier ce que vous êtes que de l'accepter ».

(Cette série de livres compte maintenant dix volumes qui sont distribués dans 96 pays sur tous les continents. C'est comme une traînée de poudre à travers la planète, ce qui indique que l'humanité veut changer ses croyances arriérées et rejoindre celles du 21$^e$ siècle, comme c'est le cas en technologie, en sciences et dans d'autres domaines)

– Septembre 2004 –

# Les microbes
## à la maison

Selon Kimberly M. Thompson de la Faculté de santé publique de Harvard, les maladies infectieuses telles que le syndrome respiratoire (SARS) ne posent qu'un faible risque à notre santé. Il est beaucoup plus probable que nous devenions malades à cause de microbes dans notre propre foyer.

Une éponge de cuisine, par exemple, peut abriter des milliards d'organismes ... et une planche à découper la nourriture peut contenir 62 000 bactéries par pouce carré.

Les centres de contrôle et de prévention de la maladie estiment que les microbes en provenance de la nourriture causent, à eux seuls, 76 millions de cas de maladie par année. Il est impossible de savoir exactement combien de personnes deviennent infectées ou meurent de bactéries ou de virus qui vivent dans leurs foyers.

Plusieurs familles utilisent des produits contre les bactéries ou des produits de nettoyage très forts. N'en abusez pas. Les produits contre les bactéries peuvent diminuer votre résistance aux mauvaises bactéries, ce qui peut augmenter votre risque de devenir malade.

Utilisez un savon contre les bactéries après avoir touché à de la viande crue – c'est la source la plus répandue d'infection à la maison. Autrement, du savon naturel pour les mains et des nettoyants naturels sont tout aussi efficaces que les nettoyants contenant des produits chimiques dommageables et sont beaucoup moins coûteux.

Dans la cuisine, l'évier est l'endroit le plus infesté de microbes de la maison. Il contient souvent plus de débris fécaux (du lavage de la viande) et de bactéries *E. coli* que la toilette.

Rincez l'évier à l'eau chaude après chaque usage. Nettoyez-le à fond et désinfectez-le chaque semaine. Remplacez les éponges tous les mois et lavez-les au lave vaisselle après chaque usage – elles sont l'endroit de prédilection des microbes. Changez les linges à vaisselle tous les deux jours. La lessiveuse et la sécheuse détruiront toutes les bactéries et les virus pouvant s'y trouver.

Utilisez une planche à découper spéciale pour les viandes et les poissons et nettoyez-la bien avec un détergent à vaisselle et de l'eau très chaude, après chaque usage. Nettoyez et désinfectez les planches à découper en plastique au lave-vaisselle.

Nettoyez la baignoire au moins une fois par semaine avec une poudre à récurer ou un bon désinfectant. Nettoyez aussi le plancher de la salle de bain, une fois par semaine, en utilisant une solution faite d'un gallon d'eau, d'une cuillérée à thé de détergent à vaisselle et de quelques gouttes d'huile essentielle de lavande, un désinfectant naturel.

Nettoyez le comptoir et l'évier de la salle de bain après chaque usage et, une fois par semaine, nettoyez-les au moyen d'une solution contenant un quart de tasse de vinaigre blanc et une demi-cuillérée à thé de détergent à vaisselle pour deux tasses d'eau. L'évier de la salle de bain contient souvent beaucoup de bactéries, car les microbes sur les mains peuvent se fixer sur les robinets.

Désinfectez la cuvette de la toilette, le siège et les surfaces externes chaque semaine, soit avec un produit commercial ou avec une solution faite d'une demi-tasse de bicarbonate de soude, d'un quart de tasse de vinaigre blanc et d'une cuillérée à thé de détergent à vaisselle. Laissez tremper durant une heure avant de tirer la chasse d'eau. Essuyez et désinfectez la chasse tous les jours, car elle est souvent touchée par des mains malpropres.

Fermez le couvercle de la toilette lorsque vous tirez la chasse, car les bactéries se dispersent dans l'air et peuvent retomber sur toute surface située dans un rayon de six pieds, y compris les brosses à dents!

Plusieurs maladies causées par les bactéries sont transmises par le contact des mains avec l'appareil du téléphone suivi d'un contact avec le nez, les yeux ou la bouche. Essuyez toutes les surfaces du téléphone toutes les deux semaines au moyen d'une boule de coton trempée dans l'alcool à friction ou vaporisez un produit naturel contre les bactéries, qu'on peut fabriquer soi-même en utilisant une tasse d'eau chaude, une tasse de vinaigre blanc, une demi cuillérée à thé de détergent à vaisselle et une demi cuillérée à thé d'huile essentielle telle que la lavande ou le romarin.

Nettoyez aussi les poignées de portes tous les mois, à l'aide d'alcool à friction ou vaporisez un produit naturel contre les bactéries.

Finalement, n'oubliez pas de désinfecter aussi la porte du réfrigérateur, les commutateurs d'éclairage et les rampes d'escaliers.

En gardant ainsi votre maison bien propre, vous et votre famille serez à l'abri d'une multitude de bactéries et de virus qui peuvent facilement s'y déposer sans être vus et sans faire de bruit.

– Septembre 2004 –

# Crise environnementale à Manhattan

Si vous croyez que les habitants de New York sont insensibles à la nature, détrompez-vous.

Selon un article de Richard Hétu, une buse à queue rousse (Red tail Hawk) a élu domicile sur la corniche d'un immeuble prestigieux de la 5e avenue, il y a plus de dix ans. Le rapace est devenu une vedette internationale. Il attire les ornithologues amateurs du monde entier. Un livre a été écrit sur ce grand oiseau qui vit à Manhattan comme s'il était en pleine nature.

Il faut dire que la présence du rapace en milieu urbain est exceptionnelle, car cette espèce vit habituellement dans les forêts, les plaines et les déserts. New York a adopté ce mâle et l'a nommé Pale Male à cause de son plumage. L'oiseau de proie a élu une adresse de choix sur un immeuble dont les appartements valent 10 millions de dollars et plus et qui fait face à Central Park. Là, le rapace trouve les rongeurs, qui sont sa nourriture préférée, en plus des pigeons et autres proies. Sa vie est suivie à la loupe, sinon aux jumelles. On sait qu'il a attiré plusieurs femelles dans son nid et qu'il a engendré 26 petits depuis 1993, dont 23 ont pris leur envol. Sa dernière compagne a été nommée Lola. Les ornithologues amateurs les observent du trottoir avec de jumelles. Dans Central Park, les touristes ont accès à un télescope pour voir de près les rapaces et leurs petits.

Un livre intitulé Red-Tails in Love (Queues rousses en amour) a été écrit par Marie Winn sur Pale Male et ses compagnes et a été publié en 1998. On y apprend que Pale Male s'est accouplé sur le balcon de Woody Allen, au Théâtre en plein air de Central Park et sur une corniche du Carlyle Hotel. Pale Male est aussi le titre d'un documentaire de Frederic Lilien, présenté en 2002. La buse vedette a, de plus, inspiré un site Internet, qui est aux abois depuis la semaine dernière.

On a détruit le nid de Pale Male et de Lola, les transformant soudainement en sans-abri. Le conseil d'administration de l'Immeuble en a décidé ainsi, car les résidents de l'immeuble en avaient assez des rapaces. Ils se plaignaient des touristes, des excréments et des carcasses de pigeons sur le trottoir. Cette décision n'a pas fait l'unanimité. L'actrice Mary Tyler Moore, qui vit dans l'immeuble, a multiplié les interviews dans les journaux pour condamner la destruction du nid. Le sort de Pale Male et de Lola angoisse maintenant les ornithologues amateurs et autres amants de la nature.

Les buses à queue rousse sont jalouses de leur territoire. Après la destruction du nid, Pale Male est revenu sur sa corniche avec des brindilles dans le bec pour reconstruire un autre nid, mais le vent s'est chargé de tout balayer. Il semble que les administrateurs de l'immeuble avaient non seulement détruit le nid, mais avaient aussi enlevé le support métallique sur lequel s'ancrait l'ancienne demeure du rapace. Pale Male et Lola volent donc dans le ciel de New York, sans pouvoir se poser. On a vu le mâle près du Carlyle Hotel, inspectant les lieux.

Les amis des buses se sont mobilisés. Des protestataires environnementalistes se réunissent tous les soirs sur le trottoir devant l'ancienne demeure de Pale Male et de Lola. Le directeur de la Société Audubon de New York, E.J. McAdams, a déclaré : « Nous voulons le retour du nid ». McAdams faisait partie d'un groupe d'environ 70 protestataires. Une femme brandissait une pancarte pour inciter les automobilistes à klaxonner en guise de soutien aux buses (Honk for the hawks). La loi fédérale américaine permet de détruire un nid de buse pendant les périodes où il ne contient ni oeufs ni oisillons. Mais le nid de Pale Male n'est pas un nid ordinaire. Le commissaire des parcs de New York s'est donc engagé la semaine dernière à trouver une nouvelle demeure pour les buses. Pale Male aura le dernier mot. Il ira peut-être faire son nid dans Central Park non loin de son ancienne demeure ou il quittera New York. Cependant, les experts prédisent que la perte de son nid l'empêchera probablement de se reproduire au printemps prochain. Mais Pale Male n'est pas n'importe quelle buse. Donc, l'histoire est à suivre....

– Décembre 2004 –

Note: Peu de temps après cet article, les autorités ont plié sous la demande des protecteurs de Pale Male et de Lola et ont attiré les célèbres oiseaux à leur ancienne demeure. Les environnementalistes s'en réjouissent et le public continue à les observer à l'aide du télescope installé dans Central Park, en face de l'immeuble.

# La mort d'un frère

Mon frère Claude est décédé la semaine dernière. J'étais très près de lui. Il avait passé une partie de la fin de semaine chez moi. Une crise cardiaque l'a emporté mardi matin dernier. Ce départ me semble encore irréel et insensé.

Juste avant son départ de chez moi, je lui ai prêté un logiciel qu'il voulait utiliser pour faire un certain travail. En le lui donnant, j'avais l'impression que je ne verrais plus ce logiciel. Je voulais le garder. C'était comme si un fil le retenait et je voulais le reprendre. Je le lui remettais et en même temps je voulais le récupérer. Je ne comprenais pas, car j'avais une entière confiance en lui et il devait revenir chez moi mardi soir. Lors de son départ, je voulais l'embrasser. C'était étrange, car nous nous voyions souvent et nous ne nous embrassions que lors d'occasions spéciales. Puis, je lui ai touché le bras et j'ai senti une énergie étrange. Je ne comprenais pas.

Il est décédé mardi matin et à la fin de la nuit suivante, je me suis réveillée en comprenant parfaitement que ce que j'avais ressenti avant son départ de chez moi n'était pas que je n'aurais plus l'objet que je lui remettais, mais que je ne reverrais plus mon frère!

J'ai l'impression qu'il est encore là. Je suis certaine que c'est qu'il est toujours là. Il est sur une autre longueur d'ondes. Mais cela ne veut pas dire qu'il n'émet plus. C'est seulement l'arrogance de l'ego dans notre monde de limites qui nous fait croire que ce que nous ne voyons pas physiquement n'existe pas.

Dans le Chant de la Prière, qui est le prolongement du Cours sur les Miracles, il est écrit : « Nous l'appelons mort, mais c'est la liberté. Nous allons dans la paix vers un air plus libre et un climat plus clément. Ce doux passage vers une prière plus élevée, pardon heureux des façons du monde, ne peut se recevoir qu'avec reconnaissance ».

« Nous l'appelons mort, mais c'est la liberté ».

Je dis donc au revoir à mon frère en le laissant aller librement vers « la lumière si fantastiquement attirante pour continuer sa vie à un niveau plus élevé ». AU REVOIR.

– Octobre 1998 –

# Un enfant voyageant seul

L'américain Jerry Seiden a écrit ce récit suite à un voyage en avion de Los Angeles à Chicago,

« Juste avant le décollage, j'ai réussi à monter à bord de l'avion qui m'amenait de Los Angeles à Chicago. J'avais mon ordinateur portable et un porte-documents, plein à craquer. Il s'agissait de la première étape d'un important voyage d'affaires, à la fin de l'année dernière. J'avais énormément de travail à faire avant d'arriver à destination. Voulant être tranquille, je pensais et priais : « Mon Dieu, faites que le siège près du mien soit libre, je ne veux pas de distractions .»

J'étais près de l'allée dans une rangée de deux sièges. De l'autre côté, une femme d'affaires avait le nez dans son journal. Pas de problème. Mais, dans le siège à côté du mien, se trouvait un jeune garçon portant une grande étiquette rouge au cou : Enfant voyageant seul.

L'enfant était parfaitement immobile, les mains sur ses genoux, les yeux regardant droit devant lui. On lui avait probablement dit de ne pas parler aux étrangers. Très bien.

Puis, l'hôtesse vint lui dire : « Michael, je dois m'asseoir maintenant parce que nous allons décoller. Ce gentil monsieur répondra à tes questions. D'accord? »

Est-ce que j'avais le choix? Je tendis la main à Michael, qui la serra bien fort.

« Je m'appelle Jerry. Tu dois avoir environ sept ans ».

« Je suppose que vous n'avez pas d'enfants », répondit le petit.

« Pourquoi dis-tu cela? Oui, j'en ai. » Je sortis des photos pour les lui montrer.

« Parce que j'ai six ans. »

« Donc, j'étais loin, n'est-ce pas? »

La voix du capitaine de bord se fit entendre sur les haut-parleurs. « Agents de bord, préparez-vous au décollage. »

Michael glissa la courroie de la ceinture davantage et serra les mains sur les bras de son fauteuil au grondement des moteurs.

Je me suis alors penché vers l'enfant et lui dit : « D'habitude, je fais une prière en décollant. Je demande à Dieu de voir à ce que l'avion soit bien sécuritaire et d'envoyer des anges pour nous protéger. »

« Amen » dit le petit. « Mais je n'ai pas peur de mourir, parce que ma maman est déjà au ciel. »

« Je suis désolé. »

« Pourquoi êtes-vous désolé? » dit-il en regardant par la fenêtre.

« Je suis désolé que ta maman ne soit pas ici. »

Mon porte-documents bougea à mes pieds, me rappelant tout le travail que j'avais à faire.

« Regardez tous ces bateaux en bas » s'écria Michael alors que l'avion tournait au dessus du Pacifique. « Où vont-ils? »

« Juste faire un tour et s'amuser. Et il y a peut-être un bateau de pêche plein de gars comme toi et moi. »

« Et qui font quoi? »

« Ils pêchent des poissons. Ton papa t'amène-t-il à la pêche? »

« Je n'ai pas de papa, » répondit tristement Michael.

Seulement six ans, il n'a pas de père, sa mère est décédée et il voyage seul à travers la moitié du pays. Du bout du pied, je poussai mon porte-documents sous le siège.

« Y a- t-il des toilettes ici? » demanda le gamin, en bougeant sur son siège.

« Bien sûr, allons-y. » Je lui ai montré comment mettre l'affiche « occupé » et quels boutons pousser sur l'évier. Puis, il ferma la porte. Quand il sortit, sa chemise était mouillée et il souriait.

« Cet évier tire de l'eau partout, » dit l'enfant. Les hôtesses sourirent.

Puis, Michael fut traité en VIP lors du goûter. Je sortis donc mon ordinateur, mais je ne pouvais par travailler au discours que je devais prononcer. Je pensais à Michael et je ne pouvais pas m'empêcher de regarder le sac d'épicerie froissé sur le plancher. Il m'avait dit que tout ce qu'il avait était dans ce sac. Pauvre enfant.

Tandis que Michael était l'invité du capitaine, dans la cabine du pilote, l'hôtesse me dit que sa grand-mère viendrait le chercher à Chicago. Dans la pochette du siège du gamin, une grande enveloppe brune contenait tous les documents ayant trait à sa garde.

En revenant, l'enfant était heureux de montrer les ailes de pilote, les cartes, les noix qu'il avait reçues. Le pilote m'a dit de revenir quand je voudrais. »

Il regarda la grande enveloppe.

« À quoi penses-tu? » lui dis-je.

Il ne répondit pas. Il prit son visage entre se mains et se mit à pleurer. Il y avait des années que j'avais entendu un enfant pleurer. Mes enfants étaient grands maintenant. Quand même, je ne crois pas les avoir entendus pleurer ainsi. Je lui caressais doucement le dos en me demandant où était l'hôtesse.

« Qu'y a-t-il? »

Sa réponse était difficile à comprendre à travers ses sanglots. « Je ne connais pas ma grand-mère. Ma maman ne voulait pas qu'elle vienne nous visiter lorsqu'elle était malade. Et si ma grand-mère ne veut pas de moi, où pourrais-je aller? »

« Michael, » lui dis-je, « te souviens-tu de l'histoire de Marie, de Joseph et du bébé Jésus?

Ils se sont rendus à Bethléem juste avant la naissance de Jésus. Il était tard, il faisait froid, et ils n'avaient pas d'endroit où rester, pas de famille, pas d'hôtel, pas même d'hôpital où les bébés pouvaient naître. Et bien, Dieu leur a trouvé un endroit, dans une étable avec des animaux »

« Oui, oui, » dit Michael en tirant ma manche. « Je connais Jésus. Je me souviens maintenant » Puis, il ferma les yeux et se mit à chanter. Sa voix était forte pour un enfant de son âge « Jésus m'aime, je le sais.... »

Les passagers se levèrent ou se retournèrent pour voir le petit garçon qui chantait aussi fort. Michael ne voyait pas son auditoire. Il avait les yeux fermés et sa voix le transportait dans un autre lieu.

« Tu as une très belle voix » lui dis-je. « Je n'ai jamais entendu quelqu'un chanter comme cela.»

« Maman m'a dit que Dieu m'a donné une bonne voix, comme celle de grand-maman. Elle aime chanter et elle fait partie du choeur de chant à l'église.»

« Eh bien, je suis certain que tu pourras aussi chanter. Ensemble, vous dirigerez le choeur.»

À l'approche de l'aéroport O'Hare, l'hôtesse vint dire à Michael de bien attacher sa ceinture. Lorsque le signal de garder les ceintures s'éteignit, les passagers se précipitèrent dans l'allée. Michael et moi sommes restés à nos places.

« Viendrez-vous avec moi? » demanda Michael.

Je lui promis que oui.

Serrant son sac et la grande enveloppe d'une main, il pris la mienne de l'autre. Nous suivions l'hôtesse pour descendre de l'avion et entrer dans le corridor de l'aéroport.

Michael s'arrêta, retirant sa main de la mienne, il tomba à genoux. Ses lèvres tremblaient. Ses yeux se remplirent de larmes.

« Qu'y a-t-il, Michael? Je te porterai dans mes bras, si tu veux.»

Il ouvrit la bouche, mais les mots ne sortaient pas. Lorsque je me suis agenouillé près de lui, il me prit par le

cou. Je sentais son visage chaud et mouillé lorsqu'il me dit :
« Je veux ma maman. »

J'essayais de me lever, mais Michael me serrait le cou
encore plus fort. Puis, j'entendis des pas derrière nous, sur
le plancher du corridor.

« Est-ce toi, mon petit? »

Je ne voyais pas la femme derrière moi, mais je déce-
lais la chaleur de sa voix.

« Oh, mon petit » s'écria-t-elle. « Viens ici. Grand-
maman t'aime tellement. Je veux un bisou. Laisse aller ce
gentil monsieur. »

Elle s'agenouilla près de Michael et moi et caressa le
bras du petit. « Michael, il y a plein de gens qui t'attendent.
Savais-tu que tu as des oncles, des tantes et des cousins? »

En lui caressant les épaules, elle se mit à fredonner.
Puis, elle leva la tête pour chanter. Je me suis demandé si
l'hôtesse lui avait dit quoi chanter, ou si elle l'avait senti
d'elle-même. Sa voix forte et claire remplissait le corridor
« Jésus m'aime, je le sais.... »

Michael se calma un peu. Je me suis levé en le gardant
dans mes bras et en faisant signe à la grand-mère, qui prit
le sac et l'enveloppe. Juste avant d'arriver au terminus,
Michael relâcha sa prise autour de mon cou et tendit la
main à sa grand-mère.

Lorsqu'elle traversa l'entrée avec le petit, des cris de
joie se firent entendre. Le groupe était si grand que j'étais
certain que toute la famille, les membres du choeur, les
amis et les voisins étaient venus accueillir Michael. Un
homme lui tira l'oreille et enleva l'affiche rouge autour de
son cou. Il n'était plus seul.

Me dirigeant vers la porte de mon prochain vol, je ne
sentais pas le poids de mon porte- documents bien plein ni
de mon ordinateur. Je me demandais qui prendrait place à
côté de moi cette fois.

– Avril 2004 –

# Le français en Nouvelle-Angleterre

D'après le recensement de États-Unis de 1990, sur le million de citoyens de l'État du Maine âgés de cinq ans et plus, 336 000, donc environ le tiers, étaient d'origine française, canadienne-française ou acadienne. De ce nombre, environ 80 000 utilisaient encore le français couramment. L'intensité de cet usage et sa vitalité variaient selon la distance du Canada français, la dimension de la communauté et le degré d'urbanisation.

Un documentaire récent du cinéaste Ben Levine fait état d'une campagne durant les années 1920 et plus tard, visant à minimiser la culture française et l'usage du français en Nouvelle Angleterre.

Selon Levine, « Le film Réveil a reçu un accueil extraordinaire. Les gens pleurent durant le film et à la fin du film. Ils s'y retrouvent. »

Levine révèle dans son film, l'histoire cachée des Canadiens-Français du Maine et du reste de la Nouvelle Angleterre, à partir d'interviews filmés. On perçoit, de manière tangible, le sentiment de honte et de perte parmi les deux millions de personnes de descendance canadienne-française de cette région des États-Unis. Il est clair que la suppression de leur héritage les affecte encore aujourd'hui.

\* \* \*

Des photographies dramatiques montrent la raison principale de leur assimilation, un chapitre de l'histoire du Maine que les résidents aimeraient bien oublier. À une époque, le Maine avait plus de membres du Ku Klux Klan que tout autre État du pays. Selon Levine, le clergé protestant, les hommes publics et d'affaires, les propriétaires de moulins à scie en faisaient partie. L'élite protestante avait organisé une campagne pour amener le Klan dans le Maine.

« Le Klan était là pour contrôler les Canadiens-Français. Il était très visible dans la vie civile de tous les jours. » Le film montre des photos du premier défilé de jour du Klan à Silo, Maine, en 1923. Une vieille dame raconte qu'elle avait eu très peur. »

Plus d'un tiers des habitants du Maine sont Français, mais il n'y a jamais eu de gouverneur ni de sénateur canadien-français. Levine demande : « Pourquoi n'y avait-il pas d'évêque franco-américain alors que 70 pourcent des catholiques étaient Français? »

La langue et la culture française ont fait des victimes parmi les enfants à l'école à qui on disait que le français qu'ils parlaient était inférieur. Une femme interviewée dans le film, raconte que chaque fois qu'elle ouvrait la bouche durant un cours de français, on riait d'elle. « C'est une chose affreuse pour un enfant que de sentir que sa langue est inférieure. »

Levine dit que lorsque que l'on cache une telle douleur, cela vous change et la génération suivante le sent et croit que quelque chose ne va pas. Éventuellement, la culture disparaît.

Levine a exploré la culture française, pour la première fois, dans son documentaire de 1980 *Si je comprends bien*, qui mettait en vedette deux familles canadiennes-françaises : les Turcotte de Lewiston, Maine, et les Champagne de Saint-Georges, Québec. Levine a filmé les deux familles durant 20 ans et certains membres de ces familles apparaissent dans le film *Réveil*.

En 1995, Levine commença à montrer des films québécois dans le Maine. Ces présentations attirèrent un très grand nombre de gens de la communauté française – jeunes et vieux. Inspiré « par l'émotion palpable qui me surprenait, j'ai filmé des discussions après les présentations. On sentait que les gens voulaient que le français redevienne public. » Des extraits de ces conversations font aussi partie du film Réveil.

Selon Julia Schulz du Centre for Heritage language reacquisition, à Rockland : « Notre première langue est bien ancrée dans notre cerveau et nous ne pouvons pas vraiment la perdre, car elle est associée à toutes nos premières expériences de ce que nous sommes. Donc, lorsque nous perdons notre langue, nous perdons une partie de nous-mêmes. Cependant, il est impossible de perdre complètement cette langue. »

Récemment, des groupes ont été formés pour parler français et la ville de Waterville veut développer un centre culturel franco-américain, en partie à cause du film Réveil.

Selon Levine, « Lorsque les gens laissent la honte disparaître, ils réalisent qu'ils se sont fait avoir, sans raison. J'ai vu beaucoup de joie lorsqu'ils comprirent que le français pouvait encore être leur langue vivante. »

– Septembre 2004 –

# Mes canards

Une douzaine de canards ont fait sensation sur la rivière durant les dernières semaines. Au cours de l'été, j'avais vu des canards à plusieurs reprises et, en particulier, une mère avec une traînée de petits qu'elle initiait, brièvement d'abord, avant de les reconduire en sécurité dans les broussailles de l'autre côté de la rivière. Avec le temps, les petits nageaient longtemps derrière leur mère avant de rentrer.

En août, j'ai été surprise un jour par de grands bruits sur l'eau. J'ai alors été témoin d'un spectacle extraordinaire (du moins pour moi). J'ai vu une bande de canards qui semblaient s'amuser follement en faisant des courses tout en criant. Ils sillonnaient l'eau à toute vitesse d'un point à un autre, comme pour déterminer un gagnant (le premier arrivé). Puis, ils partaient comme de petits bateaux, avec les ailes frôlant l'eau pour finalement « décoller » et voler très bas avant de monter plus haut en formation tout en criant coin. Ils n'allaient cependant pas très loin.

Le rituel se répétait à peu près tous les jours.

Hier, j'ai aperçu la bande nager paisiblement. Sans faire de brut, mon chat Oscar et moi sommes allés nous asseoir sur une grosse pierre pour les observer. Nous avons eu droit à un rituel fascinant. Les canards semblaient jouer dans l'eau, puis ils ont « fait leur toilette ». Ils sortaient de l'eau et montaient sur les pierres, se « nettoyaient » sous les ailes avec leurs becs puis secouaient les ailes pour se lancer de nouveau à l'eau, peut-être pour se « rincer » et finalement ils se sont reposés. De temps en temps, ils regardaient en notre direction sans être du tout effrayés.

J'ai pu les compter : ils étaient douze. Je les ai observés de près : ils avaient la tête et les pattes brunes, le corps gris avec du blanc et une bande noire sur les ailes; ils étaient tous de la même taille. Ils semblaient être des juvéniles non accompagnés d'adultes.

Ils sont repassés devant nous en sens inverse, cette fois, en se suivant à la file indienne à trois mètres de nous. Une fois arrivés dans un bassin plus large, ils ont repris leurs « jeux » bruyants et drôles.

Est-ce un rituel? Est-ce une pratique avant la migration? Pourquoi semble-t-il n'y avoir que des juvéniles? Si quelqu'un d'entre vous sait ce que veut dire ce spectacle fascinant, j'aimerais beaucoup que vous m'en fassiez part. En attendant, j'aimerais bien qu'ils viennent encore longtemps.

– Septembre 1997 –

# La nappe

Un nouveau ministre du culte et son épouse venaient d'être chargés de la réouverture d'une église dans la banlieue de Brooklyn. Ils arrivèrent en octobre, pleins d'enthousiasme pour leur poste et le tout nouveau ministère.

L'église était en très mauvais état, mais cela ne diminua en rien leur désir d'œuvrer pour les fidèles du secteur. Ils établirent comme but de faire tout le travail nécessaire à temps pour la célébration de Noël.

Ils s'affairèrent à réparer les bancs et les murs, à peinturer tout l'intérieur d'une couleur attrayante et à nettoyer les planchers, les portes et fenêtres. Finalement, le 18 décembre ils avaient presque terminé et se félicitaient d'être en avance, ce qui leur permettait de bien planifier et d'inviter la population pour la célébration.

Cependant, le 19 décembre, un orage violent frappa la région avec de la pluie abondante et des vents très forts. Cela dura deux jours.

Le 21 décembre, le pasteur se rendit à l'église et constata que le toit avait coulé. C'était la catastrophe : une grande partie du plâtre sur le mur du fond du sanctuaire, juste derrière la chaire, était tombée. Il s'agissait d'une surface de 20 pieds sur 8 pieds qui commençait à hauteur d'homme.

Le pasteur nettoya les débris du plancher, et ne sachant que faire d'autre que d'annuler le service de Noël, il partit chez lui. Chemin faisant, il vit qu'une entreprise locale avait un marché aux puces pour des œuvres de charité à l'occasion des Fêtes qui approchaient. Il remarqua une très belle nappe ivoire, faite à la main et au centre de laquelle se trouvait un travail magnifique de broderie en couleurs avec une croix au milieu. Il pensa que la nappe pourrait servir à couvrir le trou dans le mur de l'église. Il l'acheta et se rendit immédiatement à l'église.

Il avait alors commencé à neiger. Une femme âgée se dirigeait à toute vitesse vers l'autobus qu'elle manqua. Le pasteur l'invita à attendre à l'intérieur de l'église jusqu'au prochain autobus, dans 45 minutes.

Elle se reposa, assise dans un banc sans porter attention au pasteur qui installait un escabeau, muni de crochets et autres outils pour mettre en place la nappe comme tapisserie. En descendant, il admira la nappe en constatant qu'elle couvrait tout le secteur abîmé.

Puis, il vit la femme s'avancer dans l'allée du centre. Son visage était blanc lorsqu'elle demanda au pasteur où il avait pris cette nappe. Le pasteur le lui dit. La vieille dame lui demanda de vérifier si les initiales EBG se trouvaient brodées dans le coin droit du bas. Elles étaient là. Il s'agissait des initiales de la dame; elle avait brodé cette nappe, il y avait bien longtemps.

Elle expliqua au pasteur que, avant la deuxième guerre mondiale, elle et son mari étaient à l'aise en Autriche. Lorsque les Nazis arrivèrent, elle avait été forcée de partir. Son mari devait la rejoindre la semaine suivante.

Elle fut arrêtée et emprisonnée et ne revit jamais son mari ni sa demeure.

Le pasteur voulut lui donner la nappe, mais elle refusa, préférant qu'elle demeure à l'église. La pasteur insista pour la conduire chez elle. Elle était dans le secteur de l'église seulement pour un travail de ménage.

La veille de Noël, une célébration magnifique eut lieu à l'église bondée de monde. Après le service, le pasteur et son épouse rencontrèrent tous les fidèles. Plusieurs promirent de continuer à venir à l'église. Un vieil homme que la pasteur reconnut comme étant du secteur resta à sa place dans un banc à fixer la nappe des yeux. Le pasteur se demanda pourquoi il ne partait pas.

L'homme lui demanda où il avait pris cette nappe, car elle était exactement comme celle que sa femme avait brodée lorsqu'ils vivaient en Autriche, avant la guerre.

Il raconta au pasteur qu'à l'arrivée des Nazis, il avait forcé sa femme à fuir et qu'il devait la rejoindre. Mais il avait été arrêté et emprisonné. Il n'avait jamais revu sa femme ni sa maison.

Le pasteur lui demanda s'il aimerait faire un tour en voiture. Ils se rendirent à l'endroit où le pasteur avait laissé la dame quelques jours auparavant.

Le pasteur aida l'homme à monter les trois étages pour se rendre à l'appartement de la dame. Il frappa à la porte et il fut témoin de la plus belle réunion de Noël que l'on puisse imaginer.

– Décembre 2003 –

# Les radiographies et les erreurs chirurgicales

Voici mon dernier article de la série sur l'étude américaine indépendante et exhaustive des services de santé américains effectuée par Gary Null, PhD, Carolyn Dean, MD ND, Martin Feldman MD, Debora Rasio MD et Dorothy Smith PhD. Après avoir étudié plusieurs milliers de dossiers, de rapports médicaux dans les hôpitaux et d'articles dans des revues médicales, ils en sont venus à la conclusion que le système de santé est la première cause de décès de la population.

Selon les chercheurs indiqués plus haut, les erreurs chirurgicales ont fait l'objet d'une étude par JAMA (Journal of the American Medical Association) publiée en octobre 2003. Il a été question de 32 000 cas (documentés) de décès suite à des chirurgies.

Cependant, les auteurs de l'étude disent qu'il est impossible de déterminer exactement combien de personnes décèdent suite à des erreurs lors de chirurgie, car les rapports des hôpitaux indiquent seulement qu'une personne ayant subi une intervention est décédée, sans préciser si c'est à la suite de l'intervention ou à cause de la maladie originale.

Ils disent aussi que de nombreuses interventions médicales et chirurgicales ne sont pas suffisamment étudiées. En 1978, l'Office of Technology Assessment (OTA) avait déclaré que « seulement de 10 à 20 pourcent de toutes les interventions de la pratique médicale se sont avérées efficaces lors d'essais contrôlés ».

En 1995, l'OTA a comparé les technologies médicales dans huit pays et ils ont découvert que peu d'interventions médicales américaines ont été soumises à des essais cliniques. On avait aussi noté que la mortalité infantile était plus élevée et l'espérance de vie plus faible que dans les autres pays développés. Même si ce rapport est vieux de près de 10 ans, les chercheurs disent que les informations qu'il contient sont encore vraies.

### Les radiographies non nécessaires

Lors de la découverte des rayons X, personne ne connaissait les effets à long terme de la radiation ionisée. Durant les années 1950, des examens fluoroscopiques mensuels routiniers étaient faits dans les bureaux de médecins. Les clients pouvaient aussi entrer dans un magasin de chaussures et voir les os de leurs pieds à travers le cuir. C'était amusant, mais on ne connaît pas encore les effets de l'escalade initiale des rayons X.

Il était pratique courante d'utiliser les rayons X pour mesurer la taille du pelvis des femmes enceintes pour fin de diagnostic. Finalement, une étude de 700 000 enfants nés entre 1947 et 1954 a été effectuée dans 37 hôpitaux de maternité. Les enfants des femmes ayant eu des radiographies du pelvis durant la grossesse ont été comparés aux enfants de mères n'ayant pas eu de radiographies. La mortalité due au cancer a été de 40 pourcent plus élevée parmi les enfants de mères radiographiées.

Les auteurs poursuivent en disant que lors de l'intervention invasive des angioplasties coronaires, on utilise la radiographie presque continue, avec un dosage minimal variant entre 460 et 1 580 mrem. En comparaison, une radiographie pulmonaire est de 2 mrem. La radiation émanant des rayons X s'accumule dans le corps et il est bien connu que la cette radiation cause la mutation de gènes. Les chercheurs disent ne pouvoir que spéculer quant à l'impact sur la santé de niveaux élevés de radiation. Ils dénoncent le manque de transparence des experts qui cachent le danger réel de la radiation.

Cependant, le Dr John Gofman, qui étudie depuis 45 ans les effets de la radiation sur la santé, peut dire exactement quel effet ont les rayons X de diagnostic sur la santé humaine. Le Dr Gofman détient un PhD en chimie nucléaire et en physique et il est médecin. Il a travaillé au projet nucléaire de Manhattan, il a découvert l'uranium-2323, a été la premier à isoler le plutonium, et, depuis 1960, il étudie les effets de la radiation sur la santé des gens.

Dans ses cinq livres, scientifiquement documentés et totalisant 2 800 pages, le Dr Gofman fournit l'évidence indéniable à l'effet que les rayons X, CT scans, mammographies et fluoroscopies contribuent à 75 *pourcent des nouveaux cancers.*

Dans son livre "Preventing Breast Cancer", le Dr Gofman écrit que parce que les tissus mammaires sont sensibles à la radiation, les mammographies peuvent causer le cancer.

Pourtant, on continue d'utiliser les rayons X sans se soucier de leur accumulation dans l'organisme. Dans certaines cliniques, on exige maintenant une radiographie lors de la vérification de la densité osseuse afin, nous dit-on, de faciliter la lecture du test par le médecin. Quand cela m'est arrivé, j'ai refusé le test de densité. Même l'Ordre des dentistes exige, semble-t-il, plusieurs radiographies des dents de façon périodique, au moins tous les cinq ans, pour tous les clients. Ce n'est pas une « prévention » acceptable sans égard à l'accumulation et sans connaître les antécédents de chacun.

Le rapport des chercheurs comprend aussi les hospitalisations non nécessaires. Ils évaluent à plus de 8,9 millions les hospitalisations non nécessaires en 2001.

Ils estiment d'autre part que les femmes sont plus médicamentées que les hommes et font l'objet d'un nombre excessif d'interventions médicales et chirurgicales, dont des milliers de mastectomies, annuellement.

– Août 2004 –

# Les nouvelles révélations

Vous avez peut-être lu les livres de Neale Donald Walsch : *Conversations with God, Friendship with God, Communion with God, The New Revelations* et *Tomorrow's God*. Ces livres ont fait partie de la liste des succès de librairie du *New York Times*. Le dernier, *Tomorrow's God*, a été publié cette année.

Il s'agit d'une nouvelle spiritualité à une époque critique de l'histoire humaine. Après avoir lu les premiers livres de cette série, je viens de terminer la lecture de *The New Revelations*.

Le monde est présentement plus bouleversé que jamais auparavant. Ce livre fournit une explication à la crise à laquelle nous faisons face et offre une solution pour opérer un changement avant qu'il ne soit trop tard.

Nous pouvons ignorer ce qui se produit dans le monde – la désintégration de la vie telle que nous la connaissons – mais tôt ou tard, nous comprendrons que nous sommes en grande difficulté sur notre planète.

Comment en sommes-nous arrivés à nous détruire? Voilà la question centrale du livre. C'est une question que plusieurs ne veulent pas poser.

Les révélations prennent la forme d'une conversation avec Dieu. Il n'est pas nécessaire de croire qu'une telle conversation a eu lieu pour en bénéficier. Il s'agit de suivre cette conversation, d'en étudier le contenu et d'en explorer les possibilités

Selon les réponses de Dieu dans cette conversation,

nous essayons de résoudre les problèmes à tous les niveaux, sauf au niveau où ils existent. Dieu dit que le problème en est un de croyance. Le problème auquel le monde fait face est spirituel. Il dit que nos idées au sujet de la spiritualité risquent de nous faire mourir.

« L'arrogance spirituelle a été la cause des plus grandes souffrances de l'espèce humaine. Vous avez souffert et fait souffrir plus à cause de vos idées au sujet de Dieu que pour toute autre raison. »

« Vous avez changé la source de la plus grande joie en la source de votre plus grande douleur! »

« Chacune des grandes religions dit être la vraie et est intolérante envers les autres. Les saintes écritures parlent d'un Dieu en colère, qui justifie la brutalité et la guerre. Ces écritures ne proviennent pas de Dieu mais des hommes. La religion de chacun provient non pas de la vérité éternelle mais de l'environnement culturel. Les gens croient ce qu'on leur a enseigné, sans questionnement. »

« La religion organisée existe depuis des milliers d'années, mais vous faites encore face aux mêmes problèmes. Les problèmes de colère, d'envie, d'injustice, de violence et de guerre. »

« La plupart des religions organisées ne vous ont pas éloignés de tels agissements; elles vous ont plutôt poussés à de telles manières d'agir. Dans certains cas, elles les ont justifiées par leurs propres exemples. »

« La religion se devait d'emmener le monde plus près de Dieu en créant une communion avec la divinité. Cependant les religions organisées n'ont pas fait cela et votre société collective expérimente non pas la communion, mais l'éloignement; non pas l'unité avec Dieu, mais la séparation. Dans certains cas, la religion organisée enseigne la séparation d'avec Dieu. Elle prêche aussi souvent contre l'intégration, disant que Dieu ne veut pas que les gens de races, cultures et nationalités différentes vivent ensemble. »

« Cette institution, plus que toute autre, a voulu

restreindre l'esprit humain en présentant de longues listes
de choses à faire et à ne pas faire, à porter et à ne pas porter,
à manger et à ne pas manger, à croire et à ne pas croire, à
penser et à ne pas penser. En fait, certaines religions ont
couvert les joies humaines de culpabilité en proclamant
que beaucoup de ce que vous aimez est mauvais. Couvrez-
vous, cachez-vous, ayez honte de vous-mêmes. »

Pourtant le message de Dieu n'est pas la honte, l'in-
tolérance, l'exclusivité, la séparation et la subjugation. Le
vrai message de Dieu est la joie, l'acceptation, l'unité, la
liberté et l'amour inconditionnel.

« La majorité des tueries et de la domination, de la suppression et de la terreur sur votre planète a été faite sous la
bannière de la religion organisée et au nom de Dieu. Les
deux cents ans des croisades chrétiennes sont un exemple
de tueries au nom du Christ. »

Monsieur Bill Clinton, dans un discours aux étudiants
de Georgetown University en novembre 2001, a déclaré
que le terrorisme international d'aujourd'hui, qui n'est
arrivé que récemment en Amérique, date de milliers
d'années.

« Durant la première croisade » de dire monsieur
Clinton « lorsque les soldats chrétiens ont pris Jérusalem,
ils ont d'abord brûlé la synagogue et les 300 juifs qui se
trouvaient à l'intérieur; ils ont ensuite tué toutes les
femmes et tous les enfants musulmans devant le temple. Je
peux vous dire que cette histoire est encore racontée au
Moyen-Orient et que nous payons encore pour cette
grande horreur. »

Dieu continue le dialogue du livre en ajoutant : « Ce
genre d'insanité religieuse continue encore aujourd'hui.
On tue en chantant la gloire d'Allah. La grande ironie et
l'immense tristesse est que certains humains ne voient
même pas la contradiction.

Vos religions organisées n'ont rien réglé; elles ont
plutôt aggravé les problèmes qu'elles devaient régler.

Pourquoi n'ont-elles pas été effectives pour élever le moral, la motivation et les modi operandi? Elles n'ont pas réussi à changer la conscience humaine à travers le monde.

Voici la question sur laquelle l'humanité ferait bien de se pencher. Voici la question que vous avez peur de poser. »

– Août 2004 –

# Le rire guérisseur

Le Juge: Avez-vous un avocat?
Le témoin: Non, monsieur le Juge, je veux dire la vérité.

\* \* \*

Deux secrétaires de direction discutent. La première dit :
Il est plutôt charmant le nouveau patron, non?
En plus, il s'habille bien, de dire l'autre.

Oh oui, et vite...

\* \* \*

Voici des définitions données par des élèves, selon le guide pédagogique Le Royer.

Ambulance : voiture assez grosse pour transporter les morts à l'hôpital pour qu'on les soigne.
Apothicaire : fabriquant d'apôtres.
Athée : quelqu'un qui est pressé.
Antidote : jeune fille sans dot.
Antipode : personnes qui ont les pieds dans le sens contraire des autres.
Antiquaire : marchand de choses anciennes neuves.
Bain-marie: bain que l'on prend le 15 août en l'honneur de la Vierge Marie.
Barbelé : homme qui porte une barbe.
Bonbonne : marchande de bonbons.
Cale : lieu où logent les gens calés.
Catalogue : dialogue de quatre personnes, par écrit.
Chaumière : maison d'un chômeur.
Chevalet : petit cheval.
Chèque : chef arabe qui distribue de l'argent aux malheureux.

Crapule : femelle du crapaud.

Bête de somme : animal qui garde les enfants pendant leur sommeil.

Brue : femme de celui qui marie son fils à une fille.

Chevalière : bague que l'on met à un cheval pour le reconnaître.

Dessert : c'est ce que l'on mange quand on a fini de manger.

Dictateur : celui qui fait faire des dictées.

Élevage intensif : c'est quand les vaches vont chez le voisin.

Épître : Femme d'un apôtre.

Espagnolette : petite fille née de parents espagnols.

Enterrement de grande pompe : Enterrement qui va vite vu que les gens sont pressés à cause du rythme de la vie moderne.

Exporter : vendre des portes.

Encens : odeur que dégage le prêtre durant la messe.

Faussaire : homme qui creuse des fossés.

Fakir : homme qui peut se suicider tout en restant vivant.

Génisse : femelle du génie.

Hebdomadaire : chameau à deux bosses.

Homicide : homme qui se tue dans sa propre maison.

Horloge : montre qui ne se porte pas au poignet.

Livre d'heures : livre sur lequel les heures sont écrites pour ceux qui ne les connaîtraient pas.

Monocle : le verre qui reste aux lunettes quand elles sont cassées.

Moineau : fils d'un moine.

Panique : manque de pain.

Patrimoine : moine très patriote.

Pneumonie : maladie des pneus.

Porc-épic : cochon qui a des arêtes.

Pédant : docteur qui soigne les pieds.

Plante : un arbre, mais plat.

Poète : monsieur qui ne finit pas les lignes.

Reculer : marcher avec le dos.

Râle : cri d'un mort.

Squelette : homme qui n'a pas beaucoup de chair.

Mon petit neveu visite régulièrement un ancien petit cimetière à la limite de la propriété de ses parents parce que, dit-il, les morts doivent s'ennuyer !

– Octobre 2004 –

# Tout est possible

Un petit garçon venu voir le père Noël tenait la photo d'une petite fille dans ses mains. « Qui est-ce? » demanda le père Noël, "ton amie, ta soeur? »

Le petit répondit tristement : « C'est ma soeur, Isabelle, qui est très malade. » Le père Noël regarda la grand-mère, qui attendait plus loin, et vit qu'elle s'essuyait les yeux.

« Elle voulait venir avec moi, dit le petit garçon, elle le voulait tellement. » Le père Noël essaya d'être joyeux et il réussit à faire sourire le petit garçon et lui demanda ce qu'il voulait pour Noël.

À la fin de la visite, la grand-mère vint aider l'enfant. Elle commença à dire quelque chose mais s'arrêta. Le père Noël lui demanda de continuer. « Bien, je sais que c'est trop vous demander, père Noël, mais.... » La vieille dame envoya son petit-fils voir un des aides du père Noël pour recevoir le cadeau remis à tous les petits visiteurs.

Elle continua : « La petite fille sur la photo, ma petite fille, voyez-vous, souffre de leucémie et il semble qu'elle ne vivra pas jusqu'à la fin du temps des Fêtes, dit-elle, les yeux pleins de larmes. Pourriez-vous..., est-il possible que vous veniez voir Isabelle? C'est tout ce qu'elle veut pour Noël, voir le père Noël. »

Le vieil homme refoulait ses larmes en disant à la grand-mère de laisser les renseignements quant à l'endroit où se trouvait Isabelle et qu'il verrait ce qu'il pouvait faire. Il ne pensa à rien d'autre le reste de l'après-midi. Il savait ce qu'il devait faire. « Et si c'était mon enfant qui était mourant dans un lit d'hôpital » pensa-t-il, le coeur gros, « je peux au moins faire cela. »

Lorsque tous les enfants furent partis, le père Noël prit

le nom de l'hôpital où se trouvait Isabelle. Il demanda au
directeur de l'établissement comment se rendre à l'hôpital
pour enfants, « Pourquoi? » répondit Robert. Le père Noël
lui fit part de la conversation avec la grand-mère. « Venez,
je vous y conduirai » dit Robert, tendrement.

À l'hôpital, à la porte de la chambre, Robert s'excusa
en disant qu'il attendrait dans le corridor. Le père Noël,
regarda dans la chambre dont la porte était entrouverte et
vit la petite Isabelle sur le lit. La chambre était remplie de
ce qui semblait être la famille; la grand-mère et le petit
frère qu'il avait vus plus tôt étaient là. Une femme qu'il prit
pour la mère se tenait près du lit, et repoussait les cheveux
fins du front d'isabelle. Une autre femme était aussi assise
près du lit et avait l'air très triste. Tous parlaient doucement
et le Père Noël sentit qu'il s'agissait d'une famille très unie.

Il prit une longue respiration tout en se forçant à
sourire et entra dans la chambre. « Ho, ho, ho. » « Père
Noël » s'exclama faiblement la petite Isabelle tout en
essayant de fuir son lit et tous les tubes attachés à son corps.
Le père Noël courut à son lit et serra la petite. Une enfant
de six ans – l'âge de son fils – le regardait avec émerveille-
ment. Sa peau était pâle et ses cheveux troués de plaques
chauves, suite à la chimiothérapie. Mais il ne voyait que
deux grands yeux bleus. Le coeur serré, il avait de la difficulté à refouler ses larmes.

Ses yeux étaient rivés sur le visage d'isabelle, mais il
entendait les pleurs des autres personnes présentes. Quand
il commença une conversation avec Isabelle, la famille
revint doucement près du lit. On serra l'épaule ou la main
du père Noël en lui murmurant des mercis. Le père Noël
et Isabelle parlèrent longuement. Elle lui demanda tous les
jouets qu'elle voulait pour Noël en disant qu'elle avait été
une très bonne fille toute l'année. Après un long moment,
le père Noël demanda à la mère la permission de prier.
Elle fit signe que oui et toute la famille fit un cercle autour
du lit d'Isabelle, en se tenant la main. Le père Noël demanda

à Isabelle si elle croyait aux anges. « Oh oui, Père Noël. »
« Bien, je demanderai aux anges de veiller sur toi » dit-il.
Avec sa main sur la tête d'Isabelle, il ferma les yeux et pria.
Il demanda à Dieu de guérir le corps d'Isabelle et demanda
aux anges de l'entourer et de l'aider. Après la prière, il
garda les yeux fermés pour entonner Sainte Nuit...Nuit de
paix....La famille chanta aussi en laissant tomber des
larmes d'espoir et de joie du moment tandis qu'Isabelle
semblait très heureuse. Après le chant, le père Noël s'approcha d'Isabelle et lui prit les mains. « Maintenant,
Isabelle » dit-il avec autorité, « tu as un travail à faire, tu
dois consacrer ton énergie à devenir mieux. Tu dois jouer
avec tes amis à l'été et je compte te voir à ce temps-ci l'an
prochain, là où je rencontre les enfants avant Noël. » Il
savait que cela était risqué de dire de telles choses à une
enfant souffrant d'un tel cancer, mais il fallait lui donner
de l'espoir. « Oui, père Noël » répondit Isabelle, les yeux
clairs. Il se pencha et posa un baiser sur son front avec de
quitter la chambre.

Dans le corridor, Robert et le père Noël se regardèrent
et se mirent à pleurer, sans gêne. La mère et la grand-mère
d'isabelle sortirent de la chambre pour remercier le père
Noël. « Mon seul enfant a le même âge qu'Isabelle » dit-il.
« C'est le moins que je pouvais faire. »

Un an plus tard, le père Noël était de nouveau en place
pour rencontrer les enfants. Une petite fille vint s'asseoir
sur ses genoux et lui dit : « Bonjour, père Noël, te souviens-
tu de moi? » « Bien sûr » répondit le Père Noël (comme il
le fait toujours) en souriant. Après tout, le secret d'un bon
père Noël est de toujours faire en sorte que l'enfant sur ses
genoux se sente comme le seul enfant au monde, en ce
moment.

« Tu es venu me voir à l'hôpital l'an dernier. » Le père
Noël n'en croyait pas ses yeux. Les larmes coulaient doucement sur son visage en étreignant son petit miracle. Il avait
du mal à la reconnaître, car elle avait de longs cheveux

soyeux et des joues roses. Il regarda autour et vit la mère et la grand-mère d'Isabelle souriant et pleurant à la fois. Ce fut le meilleur Noël pour le père Noël. Il était témoin d'un miracle d'espoir. Cette précieuse enfant était guérie et en excellente santé. Silencieusement, il regarda vers le ciel et murmura « Merci, mon Dieu. Voici un très heureux Noël. »

– Décembre 2004 –

# L'humour au quotidien

Marie demande à Pierre, son mari, s'il préfère une femme jolie ou une femme intelligente. « Ni l'une ni l'autre de répondre Pierre, c'est toi je préfère. »

Un professeur blessé au dos était forcé de porter un plâtre sur tout son torse. Il pouvait le porter sous sa chemise sans que cela ne paraisse.

De retour en classe au début de l'année scolaire, il fut assigné au groupe d'étudiants les plus difficiles. En toute confiance, il entra dans la classe et alla ouvrir la fenêtre aussi grande que possible avant de se diriger vers son pupitre et de commencer à travailler.

Lorsqu'un coup de vent fit bouger sa cravate, Il pris la brocheuse pour l'attacher à son torse.

La discipline ne s'avéra pas un problème pour le reste de l'année scolaire!

\* \* \*

Trois Américains traversaient les États-Unis : un de l'Idaho, un du Nebraska, un de Floride, accompagné d'un Québécois.

Tout à coup, le type de l'Idaho se mit à lancer des patates par la fenêtre. Celui de la Floride lui demande ce qu'il faisait. « Eh bien, nous avons tellement de patates en Idaho, je suis fatigué de les voir. »

Un peu plus loin, le passager du Nebraska commença à lancer des épis de blé d'inde par la fenêtre et celui de la Floride lui demande pourquoi il faisait cela. « Nous avons tellement de ces épis au Nebraska que je suis fatigué de les voir. »

Le passager de la Floride est soudainement inspiré. Il ouvre la portière et pousse le Québécois dehors.

* * *

Une jeune fille de 21 ans est enceinte et sa mère indignée, lui demande: « Quel porc t'a fait cela?, je veux le savoir ». La fille fait un appel téléphonique et une demi-heure plus tard, une Ferrari s'arrête devant la porte de la maison. Un homme distingué aux cheveux gris et élégamment vêtu, sort de la voiture et entre dans la maison. Il est invité au salon où il s'assoit avec le père, la mère et la fille et leur dit : « Bonjour, votre fille m'a fait part du problème. Je ne peux pas l'épouser à cause de ma situation familiale, mais je me rends responsable. Si c'est une fille, je lui donnerai deux magasins au détail, une maison, un chalet à la campagne et un million de dollars dans un compte en banque. Si c'est un garçon, je lui donnerai deux usines et un compte en banque de deux millions de dollars. S'il s'agit de jumeaux, ils auront chacun un million et une usine. Cependant, s'il y a fausse couche, que suggérez vous que je fasse? » La mère, qui était silencieuse depuis le début, mis la main sur l'épaule de l'homme et lui dit : « Alors, vous essayerez de nouveau! »

* * *

Le petit Zachary, enfant juif, avait beaucoup de difficulté à apprendre les mathématiques. Ses parents avaient tout essayé sans succès pour aider leur enfant. Finalement, ils décidèrent d'inscrire Zachary dans une école catholique.

Le premier jour, l'enfant rentra de l'école l'air sérieux. Il monta immédiatement à sa chambre pour étudier. Son pupitre était couvert de papiers et Zachary travaillait. Sa mère était émerveillée.

Elle appela son fils pour le dîner et le vit ensuite remonter à sa chambre pour continuer ses études.

Les choses se passèrent ainsi durant plusieurs jours et les parents se demandaient pourquoi les choses avaient tellement changé.

Finalement, Zachary apporta son bulletin scolaire, le déposa sur la table de cuisine et se rendit à sa chambre pour étudier. Sa mère prit le bulletin et vit que Zachary avait la plus haute note possible en mathématiques.

Ne pouvant pas attendre, la mère se rendit dans la chambre de Zachary et lui demanda : « Qu'est-ce qui a fait la différence? Les religieuses? » Zachary hocha la tête. « Les livres, la discipline, la structure, l'enseignement? Quoi? »

Zachary la regarda et lui dit : « Le premier jour à l'école, j'ai vu ce type cloué à un signe de plus et j'ai compris que les religieuses n'avaient pas de pitié. »

\* \* \*

Question : Notre bébé est né la semaine dernière; quand ma femme sera-t-elle normale? Réponse : lorsque l'enfant aura terminé ses études.

\* \* \*

Comment appeler la police :

Georges montait se coucher lorsque sa femme lui dit qu'il avait laissé la lumière allumée dans la remise du jardin, qu'elle pouvait voir de la fenêtre de la chambre à coucher. Il ouvrit donc la porte arrière pour éteindre, mais il vit que quelqu'un était dans la remise, en train de voler. Il téléphona à la police et on lui demanda si quelqu'un était dans la maison. Il dit que non.

On lui dit alors que toutes les patrouilles étaient occupées, qu'il devait fermer la porte à clé et qu'un policier viendrait aussitôt que possible.

Georges compta jusqu'à 30 et rappela la police. « Bonjour, je viens tout juste de téléphoner parce qu'il y avait des intrus dans ma remise. Bien, ne vous en faites pas, je viens de les tirer » et raccrocha.

Moins de cinq minutes plus tard, trois patrouilles de police avec une unité de secours et une ambulance étaient à la porte. Bien sûr, la police a alors pris les voleurs en flagrant délit.

Un policier dit à Georges : « Je croyais que vous les aviez tirés. »

« Et moi, je croyais que vous n'aviez aucun policier disponible ! »

– Mai 2004 –

# Quand la forêt devient une cathédrale

Quel hiver pour la marche en raquettes en forêt. Voilà ce que je fais aussi souvent que possible dans des conditions exceptionnelles de neige. Je laisse le quotidien derrière moi en entrant dans un immense boisé qui était autrefois très utilisé pour le ski de fond et qui sert toujours à quelques adeptes.

J'aime sortir des sentiers battus et découvrir cette forêt aux vieux arbres impressionnants dans un secteur qui porte à la méditation. Malheureusement, plusieurs peupliers et autres arbres sont tombés sous le poids de l'âge et restent étendus comme des soldats morts au combat. Je continue dans une ancienne érablière dont la vieille cabane délabrée me sert souvent de point de repère. Un ancien traîneau aux pièces brisées me fait rêver aux anciens temps des sucres. J'imagine ce traîneau rouge tiré par des chevaux pour faire la cueillette de l'eau sucrée à travers l'érablière. Et la chanson populaire du temps de mon enfance me revient en mémoire : *Oh! É-ho, allons à la cabane pour goûter au sirop d'érable.* Il y avait encore du bois cordé dans l'annexe de cette vieille cabane quand j'ai commencé à marcher dans cette forêt. Ce bois a disparu complètement durant la tempête de verglas de 1998. Le propriétaire l'a sans doute utilisé alors pour remplacer le chauffage électrique durant la panne.

Ici et là des vestiges d'anciennes clôtures en barbelé qui démarquaient les limites de propriétés à une certaine époque servent comme points de repère (encore faut-il savoir de quelle clôture il s'agit). Le barbelé, cloué il y a longtemps sur certains arbres, les traverse complètement, car les arbres ont grossi autour du vieux barbelé. Des arpentages récents montrent que les vieilles clôtures ne sont pas nécessairement aux limites exactes des propriétés, mais cela ne change rien pour les quelques propriétaires qui se partagent cette impressionnante forêt.

Cette année, des arbres qui portaient d'anciennes affiches de noms de pistes se sont aussi effondrés sous le poids de l'âge apportant avec eux les noms qui passeront maintenant à l'oubli.

Je fais un long détour pour arriver à une pinède plantée durant les années 50. Des étudiants avaient alors été embauchés pour planter ces conifères. Ils recevaient .05¢ par arbre planté! Ces arbres ont une taille impressionnante mais certains sont maintenant tombés, peut-être durant des tempêtes violentes. À côté, il y a une plantation récente de pins et d'épinettes.

Je ne vois plus de traces de chevreuils, pourtant nombreuses en début d'hiver. La neige est profonde, le froid a été intense, ils sont peut-être affaiblis parce qu'ils ne trouvent plus à manger depuis longtemps. Je m'attriste pour eux. Je sais que les chevreuils sont trop nombreux dans notre région, mais je pense à leur souffrance. Tout à coup, je vois des traces d'un petit. Quelle audace d'avoir quitté les siens pour, je pense, chercher de la nourriture. Ses traces se perdent vers une clairière. J'espère qu'il a trouvé quelque chose à se mettre sous la dent.

J'entre dans un autre secteur de la forêt où tout est paisible. Les arbres semblent dégager une vague subtile d'énergie. Je me sens bien. Il est facile de prier dans cette immense cathédrale ouverte sur le ciel.

Puissions-nous retrouver la paix et la joie dans des

moments de plus en plus fréquents pour en arriver à les vivre de manière constante.

J'ai récemment lu la déclaration suivante de Mikhail Gorbachev, dernier président de l'Union soviétique et Prix Nobel de la paix (1990): « Les arbres sont mes temples. Nous sommes tous liés au cosmos. Regardez le soleil : s'il n'y avait pas de soleil, nous ne pourrions pas exister. Donc, la nature est mon dieu. Pour moi, la nature est sacrée; les arbres sont mes temples et les forêts sont mes cathédrales. »

– Mars 2001 –

# La noblesse de Pierre Elliott Trudeau

Tout semble avoir été dit et redit sur ce Canadien exceptionnel depuis son décès. Il était certainement tout cela et plus.

J'ai eu le privilège de le côtoyer durant quelques années avant son entrée en politique, durant la période de la Trudeaumanie et après. Il faisait partie d'un groupe d'amis que je fréquentais et mes souvenirs de lui sont d'un intellectuel qui par sa seule présence nous poussait à nous dépasser. Il n'aimait pas les conversations anodines qui ne voulaient rien dire, mais il participait aux discussions intéressantes sur toutes sortes de sujets. Il voyageait beaucoup et nous racontait avec humour ses voyages très osés à l'époque. Nous en gardions des images vivantes remplies de détails au sujet des pays et des peuples qu'il avait visités.

Un soirée particulière me revient à la mémoire, celle où Pierre Trudeau et René Lévesque (qui était présent par je ne sais quel hasard, car ce n'était pas son habitude) ont discuté jusque tard dans la nuit. Toutes les autres personnes présentes s'étaient tues pour écouter ces deux géants intellectuels qui n'étaient pas du même avis politique, mais qui se respectaient mutuellement. Je sentais qu'il s'agissait d'un moment exceptionnel.

Un jour, nous allions à un bal et j'avais invité la bande à prendre le champagne à mon appartement avant de nous y rendre. C'était une occasion joyeuse et Pierre était particulièrement en forme. À la fin, nous étions six à monter dans sa Mercedes (devenue célèbre par la suite) pour aller au bal.

C'était un époque enivrante; celle d'Expo 67, qui donnait la fierté et la confiance en soi à tous les Canadiens. Je crois que c'est beaucoup à cause de cette attitude que la Trudeaumanie s'est emparée de la population l'année suivante quand Trudeau est entré en politique. Il fallait voir le délire à l'extérieur de la Place Ville Marie lors d'un rallye à midi quand a commencé la campagne électorale de celui qui allait devenir un des plus grands premiers ministres du Canada.

Pierre Elliott avait une grande confiance en lui-même et ne changeait pas d'opinion selon les courants. Je pense sincèrement qu'il nous a donné une nouvelle fierté d'être Canadiens, une fierté à laquelle nous avions goûté lors de l'Exposition universelle de 1967 et à laquelle nous étions prêts à nous habituer.

Comme ami, il était simple, joyeux, intéressant, gentil et plein de compassion; comme chef du gouvernement, il a donné l'exemple de sa noblesse et de sa grandeur et nous a permis de nous dépasser. Selon les mots de Nelson Mandela: « Notre plus grande peur est celle de notre grandeur et de notre lumière. Quand nous les honorons et les vivons, nous permettons aux autres d'atteindre leur lumière et leur noblesse. »

– Octobre 2000 –

# La rassembleuse

J'ai récemment été invitée chez Suzanne et son mari John qui sont à leur retraite dans la région. Comme chaque fois où j'ai eu le plaisir de fréquenter ces gens, j'ai rencontré des personnes fort intéressantes.

L'hôtesse a la grande qualité de rassembler des personnes qui ont quelque chose en commun ou qui ont des intérêts semblables. Et c'est toujours très agréable d'être autour de la table où s'assoient quatorze ou seize personnes. La grande table ovale est vraiment le centre et permet à chaque invité de converser avec tous les autres. Cette table a été déménagée de Montréal lorsque la résidence de campagne de ces amis est devenue leur résidence principale.

Un jour j'y ai rencontré un groupe d'artistes de la région – des peintres, des sculpteurs, des écrivains – et j'ai été émerveillée par la diversité de leurs arts. À une autre occasion, j'ai eu le plaisir de converser avec des gens d'affaires qui avaient maintenant choisi de vivre è la campagne plutôt qu'à Montréal. Il était intéressant de voir comment ces gens s'étaient adaptés à vivre en milieu naturel et paisible et ne se rendaient en ville que pour des réunions, pour voir des spectacles ou assister à des concerts.

Au repas du dimanche midi, l'autre jour, douze personnes étaient au rendez-vous. Certains travaillent à Montréal soit en publicité ou dans le domaine universitaire et sont ici durant les vacances et les week-ends tandis que d'autres sont ici en permanence, comme, par exemple, un ex-employé des Nations unies qui s'occupe toujours de certains projets à l'étranger et sa femme, qui est artiste à plein temps.

Le voyage était le point commun des personnes autour de la table. Les voyages effectués par l'ensemble des personnes présentes couvraient sans doute le monde entier. De la Chine et du Japon, à plusieurs pays d'Afrique, en passant par l'Europe et l'Amérique du Sud, nous les avions visités. Certains racontaient des voyages faits récemment pour des conférences internationales dans différents domaines et leurs récits me faisaient revivre mes voyages dans ces contrées lointaines. Cela permettait de faire le point sur la situation politique et humaine d'alors et d'aujourd'hui. La Chine, par exemple, a grandement changé depuis mon voyage d'un mois en 1977 alors que le gouvernement communiste après Mao ne permettait pas libre accès aux étrangers. Les membres de notre groupe avaient dû obtenir une permission des Affaires étrangères à Ottawa et nous ne pouvions pas déroger aux parcours approuvés à l'avance par Pékin.

Nous avions, à cette époque droit à d'interminables discours sur Mao et sur le parfait gouvernement en place – alors que la bande des quatre était en prison. Lors de la visite du métro de Pékin ou de magasins de Shanghai, ou encore d'usines, d'écoles ou de résidences privées, le même scénario se déroulait : le thé était servi et des cigarettes étaient offertes durant un long discours de propagande. Après plusieurs de ces discours, j'ai commencé à les trouver ennuyeux et j'ai même fumé des cigarettes offertes – moi qui n'ai jamais fumé, ni avant ni après.

Les Chinois étaient alors très curieux quant aux étrangers et il était très intéressant de voir comment ils vivaient. Leurs habits sombres et les casquettes toujours présentes offraient un contraste frappant avec les vêtements colorés des jeunes enfants. J'ai joué au ping-pong avec un enfant de 10 ans contre qui je n'ai compté qu'un point.

Nous pouvions aller là où nous voulions dans une ville donnée, mais les affiches illisibles (pour nous) aux coins des rues ainsi que les immeubles tous semblables ne nous permettaient pas de nous éloigner autant que nous l'aurions voulu. Il n'y avait pas de problèmes lorsque nos guides nous dirigeaient durant la journée, mais en soirée nous n'osions sortir qu'en groupe.

Un soir, à Shanghai, nous décidons d'aller « en ville » après dîner. Il faisait froid et l'hôtel était inconfortable. Nous sommes partis pour acheter du cognac tout en faisant une longue promenade. La foule ne nous laissait pas des yeux et il était amusant d'observer les gens et leur manière d'agir. Finalement, nous entrons dans un magasin où se trouvaient une centaine de personnes entre la porte d'entrée et le comptoir derrière lequel s'alignaient de nombreuses tablettes remplies de bouteilles de toutes sortes. J'avais remarqué l'étiquette sur une bouteille de cognac locale à l'hôtel et j'essayais de la retrouver. Entre temps, un membre de notre petit groupe pointe du doigt une bouteille sur une tablette. Le vieil homme derrière le comptoir ne veut pas la lui vendre. Il gesticule et essaye par tous les moyens de dissuader l'acheteur tandis que toute la foule nous observe. Finalement, le vieil homme abandonne et vend la bouteille. Les billets de banque servant à l'achat rejoignent les autres en tas sur le comptoir. Il n'y avait pas de caisse dans les magasins et l'argent restait sur les comptoirs sans que personne n'y mette la main (à ma question un jour, le guide m'a répondu qu'il n'y avait pas de crime en Chine!)

La bouteille dans la poche de notre ami, nous reprenons le chemin du retour tandis que la foule impassible garde son sérieux. À l'hôtel, nous découvrons que la bouteille est remplie de sauce soya. Comme les Chinois, une fois à la maison, ont dû rire de ces étrangers bizarres.

Les souvenirs de ce voyage inusité me sont revenus à la mémoire grâce au récit d'une invitée qui a fait partie de la délégation canadienne à une conférence internationale en Chine. J'en remercie mon amie Suzanne, qui a le don de regrouper des personnes intéressantes et compatibles.

– Septembre 1997 –

# Testament biologique

J'ai récemment vécu une expérience déchirante à l'hôpital Royal Victoria, à Montréal.

Ma meilleure amie depuis de très nombreuses années, victime d'un infarctus très grave, gisait entre la vie et la mort après une intervention chirurgicale pour dégager l'artère cardiaque principale, qui était obstruée. Elle était branchée à un appareil qui faisait le travail à la place de son cœur, à un respirateur ainsi qu'à trois autres appareils tous contrôlés par ordinateur alors que d'innombrables tubes en plastique insérés dans ses veines lui transfusaient divers liquides incolores. Son taux de sucre devenu trop élevé, on ajouta un tube contenant de l'insuline. Les médecins allaient et venaient et, de l'opinion générale, les chances de survie et surtout de survie normale étaient minces.

Maria me demanda par signes de la débrancher. J'aurais voulu l'aider d'autant plus que je savais (elle en avait parlé à plusieurs reprises) qu'elle ne voulait pas être gardée en vie artificiellement.

Je lui dis de patienter, d'attendre l'arrivée de sa famille, qui habite Vancouver.

Dès que les médicaments avaient moins d'effet, elle essayait de se débrancher elle-même et rapidement on lui injectait un calmant pour l'en empêcher et l'empêcher de bouger. Éventuellement on vint lui attacher les mains, une de chaque côté du lit. Plus tard, on lui attacha aussi les pieds, un de chaque côté du lit.

Son taux de sucre se mit aussitôt à grimper de façon alarmante et on lui donna plus d'insuline et une injection calmante.

Il était évident que d'être attachée lui causait un stress supplémentaire et je savais combien cela devait être inacceptable pour elle.

Sa famille arrivée sur place ne réagissait pas et remettait le sort de Maria entre les mains des médecins qui eux, bien sûr, faisaient tout en leur pouvoir malgré le manque d'espoir.

En fin d'après-midi, le dernier jour de sa vie, Maria est devenue lucide de nouveau. Elle essayait désespérément de parler malgré les tubes dans sa bouche. Ses lèvres et sa langue bougeaient rapidement, mais il était impossible de lire ses mots. D'un suprême effort elle leva un peu la tête et entrouvrit les yeux pour regarder l'appareil respiratoire et me demander de la débrancher. Quel déchirement je ressentis alors que sa sœur, de l'autre côté du lit, ne voulait pas intervenir et espérait un miracle de guérison.

J'ai prié avec Maria, qui communiquait par des signes de la tête. Elle serra mes doigts, qui lui tenaient la main

La décision déchirante de débrancher n'a pas eu à être prise, car elle décéda la nuit suivante.

Cette expérience me fit voir combien il est important de rédiger un testament biologique et un mandat en cas d'inaptitude advenant le cas notre état de santé ou de conscience nous empêche de donner des directives aux médecins. Il faut donc écrire clairement ses volontés quant au maintien de la vie de façon artificielle et s'assurer que ses proches connaissent la teneur de ce document ainsi que l'endroit où il est conservé.

– Novembre 1994 –

# Après l'empire

Voici le titre d'un livre de l'historien Emmanuel Todd sur les relations entre les États-Unis et le reste du monde depuis les attentats du 11 septembre 2001.

Ce livre porte à réflexion en soulevant des raisons et des effets auxquels plusieurs n'auraient pas pensé, ce qui donne lieu à d'intéressants points de vue.

Todd invoque l'alphabétisation, la démocratisation et la paix pour expliquer la baisse de la fécondité dans la plupart des pays du monde. Ainsi, en Iran comme en Algérie, les femmes ont moins de trois enfants en moyenne. Cette maîtrise de la fécondité est, selon Emmanuel Todd, rendue possible par la généralisation de l'alphabétisation à quelques exceptions près (notamment l'Afrique noire).

L'alphabétisation est aussi à l'origine de secousses politiques inévitables. Toujours selon Todd, les habitants de l'Iran et d'ailleurs ont envie de secouer les vieilles structures sociales dès qu'ils acquièrent une conscience politique avec l'alphabétisation. Cependant, ces poussées de fièvre ne durent pas et laissent la place à une phase de démocratisation comme on peut l'observer aujourd'hui en Iran.

Le monde serait-il donc en voie d'atteindre un état démocratique stable?

Sans doute pas, car les pays développés évoluent eux-mêmes comme l'illustre l'accroissement de l'inégalité sociale depuis deux décennies en Europe et aux États-Unis.

Le deuxième facteur de risque, pour Emmanuel Todd, est la situation de dépendance économique dans laquelle seraient tombés les États-Unis. L'historien note que le déficit commercial américain a plus que triplé durant la dernière décennie pour atteindre des montants « vertigineux ».

Emmanuel Todd affirme que les capitaux du monde entier affluent vers les États-Unis sous forme d'obligations, de bons du Trésor ou de prêts à long terme. Mais ces investissements sont dilapidés sous forme de consommation à court terme tandis que les États-Unis se désindustrialisent à « grande vitesse ».

Le bien-être et le statut des Américains dépendent désormais des importations à crédit de biens matériels.

Cette consommation à crédit repose sur la confiance des épargnants dans la puissance américaine, garantie de la paix mondiale.

Todd se demande comment les États-Unis peuvent continuer à se rendre indispensables si le monde est en voie de stabilisation démographique, éducative et démocratique. Les États-Unis ont besoin qu'une certaine insécurité persiste pour continuer de justifier la confiance que leur accordent les épargnants du monde entier.

En conséquence, Washington est porté à voir de l'insécurité, d'où la relance des budgets militaires. Cette relance n'a pas attendu les événements du 11 septembre 2001, mais les attentats dramatiques de ce jour-là ont semblé la justifier.

Dans son raisonnement, Emmanuel Todd conclut que les dirigeants américains peuvent être tentés de susciter le désordre international à la manière des pompiers pyromanes.

L'auteur de « Après l'empire » note que les Américains n'ont cependant aucune envie d'affronter les adversaires de poids : la Russie, la Chine ou la Corée du Nord. Voilà pourquoi, selon Todd, dans son désir de dramatiser la situation internationale sans prendre trop de risque, le président George W. Bush a choisi de s'en prendre à l'Irak, une dictature relativement insignifiante sur le plan militaire.

Dans l'avenir, après la crise actuelle, Todd rêve d'un rapprochement entre une Russie stabilisée et une Europe libérée de sa dépendance mentale à l'égard des États-Unis.

Mais, la Russie, qui se dépeuple d'année en année, plus rapidement qu'aucun autre État, a-t-elle encore un avenir?

L'analyse d'Emmanuel Todd est cohérente et s'appuie sur des observations réelles. Les États-Unis, depuis la chute de l'URSS, se comportent en tout-puissant gendarme du monde.

En même temps, les capitaux qui se réfugient en masse aux États-Unis permettent à la classe dirigeante de ce pays d'avoir un train de vie jamais connu auparavant.

Cet échange – richesse contre protection militaire – rappelle le contrat informel passé par Rome avec ses voisins avant la chute de l'empire romain...

L'histoire se répètera-t-elle avec l'empire américain ?

– Octobre 2004 –

# Réflexions
# d'une nuit d'été

C'est la fin de l'été. Le temps superbe nous permet de jouir à souhait des derniers jours officiels de cette saison toujours trop courte. Je suis éveillée à trois heures du matin par une nuit magnifique de pleine lune. Je me dis que cela n'a pas de sens, je dois dormir de nouveau, mais c'est impossible et je me lève pour aller marcher dehors. C'est le dernier jour de l'été. Pieds nus dans l'herbe, je me rends à la rivière au clair de la lune qui jette un reflet lumineux sur l'eau. Comme c'est beau! L'incroyable douceur de cette nuit d'été me permet de m'asseoir sur une grosse pierre et, les pieds dans l'eau, je regarde le ciel magnifique qui me fait rêver. On pourrait dire « songe d'une nuit d'été », sauf que j'ai les yeux bien ouverts. C'est comme si je voulais graver ce spectacle dans ma mémoire. Je pense à la vie, à ma vie, aux gens qui ont été importants pour moi, aux événements qui m'ont marquée, à mon frère qui adorait cette rivière et qui s'y baignait souvent. Il nous a quittés il y a quatre ans, mais quand je pense à lui, c'est sans tristesse. Je sais qu'il est quelque part, que j'ai eu la chance de partager beaucoup de choses avec lui. Ces réflexions m'amènent aussi à penser à d'autres qui sont ailleurs, à mes parents, à un autre frère et à des amis très chers. Je ne suis pourtant pas triste. Je sens que nous partageons le même univers. Et, devant l'infinité de cet univers auquel la voûte céleste de cette nuit nous ramène, je sens la petitesse de l'homme, ma petitesse, devant tout cela. On dit que pour mieux vivre sur terre, on doit regarder le ciel. Je crois que c'est vrai.

La lune descend vers l'horizon et la nature commence à s'éveiller. Le jour pointe et tout est tellement beau alors que le soleil commence à colorer l'horizon vers l'est. Je fais partie de ce qui m'entoure et je sens l'énergie qui m'unit au reste du monde.

Je prends la résolution de mieux gérer ma vie, d'aller au bout de mes rêves. Il n'est jamais trop tard; nous avons toujours le choix. Et ne pas oublier que c'est quand nous rendons service que nous sommes le plus heureux. Comme le disait Albert Schweitzer: « Voilà ce que je sais. Ceux d'entre nous qui sont heureux, sont ceux qui ont cherché et ont appris à servir. »

Et je suis remontée vers la maison suivie de mes chats Oscar, Félix et Koko pour commencer le premier jour du reste de ma vie.

– Septembre 2002 –

# Pâques,
# le temps du pardon

« Pourquoi les gens ici sont-ils tous heureux, sauf moi? »
« Parce qu'ils ont appris à voir la bonté et la beauté partout », de répondre le Maître.
« Pourquoi ne vois-je pas la bonté et la beauté partout?
« Parce que l'on ne peut pas voir en dehors de nous, ce que nous ne voyons pas en nous-même. »
J'écris cet article le jour de Pâques 2004, en pensant aux misères du monde, aux guerres, à la vengeance qui entraîne la haine et des conflits sans cesse renouvelés. C'est comme si nous avions à vivre une époque de feu et de rancoeur avant que l'humanité ne puisse passer à un niveau plus élevé de conscience ou que les confits dégénèrent à un tel point qu'ils entraînent la fin du monde tel que nous le connaissons.

La paix commence dans l'esprit des gens, selon le préambule de la Charte des Nations Unies. La paix dans le monde ne se produira pas sans un changement dans l'esprit et la conscience individuelle. On ne peut donc pas dire que les problèmes globaux ne nous concernent pas.

Le pardon personnel est donc primordial pour la libération collective. Pourtant, il est très difficile de pardonner à ceux qui nous ont heurtés par des actes « impardonnables ». Nous avons oublié de pardonner, encore moins, d'aimer nos ennemis. Comment aimer ceux qui nous ont fait du mal, qui nous ont profondément blessés?

Nous choisissons de souffrir en gardant notre rancoeur et notre orgueil pour rendre à l'autre la monnaie de sa pièce. Cette attitude maintient la négativité et ressemble à celle qui répond à la violence par la violence ou à la méchanceté par des atrocités. La réciprocité peut alors dégénérer en une escalade quasi impossible à arrêter.

La solution commence par nous-mêmes. Il n'y a pas de faute « impardonnable », compte tenu des croyances, du vécu et de l'expérience négative de chacun. Pour arrêter la roue ou la réciprocité et être en paix, il nous faut pardonner ce que nous jugeons impardonnable.

Sans cela, nous ne pouvons pas connaître notre identité réelle, la perfection à l'intérieur de nous – ce qui s'appelle le Dieu en nous. Puisque nous avons été créés à son image, nous avons tous ses attributs et « nous ne faisons qu'un ». Donc, en pardonnant aux autres, nous nous libérons nous-mêmes.

Lorsque des parents pardonnent au meurtrier de leur enfant, leur douleur est moins pénible, car la vengeance est éliminée de leur esprit.

Dans le film émouvant *Doing Time, doing Vipassana* tourné dans une prison à sécurité maximale en Inde lors d'un cours de méditation regroupant mille prisonniers purgeant des peines pour des crimes majeurs, on voit, à la fin, des meurtriers demander pardon aux familles des personnes qu'ils ont assassinées, des prisonniers embrasser leurs gardiens et d'autres gestes semblables.

L'enseignement de la méditation (le retour en soi-même) à des prisonniers qui ont amplement le temps de pratiquer, est une manière de briser le cercle de la violence. De tels cours sont offerts dans des prisons aux États-Unis et ailleurs. Ils permettent à ces prisonniers de réintégrer la société et de remplacer la colère et la rancoeur par la compassion, l'amour et la paix.

Et si cela est possible, ne pouvons-nous pas, nous aussi, oublier le passé, tout effacer et recommencer à neuf en changeant nos ennemis en amis et, par le fait même, nous libérer en nous accordant la paix.

– Avril 2004 –

# Family train ride across Canada

The long transcontinental train was click, clicking along on the rails, heading East from Edmonton to Montreal. For two days and three nights we listened to the never ending sound of metal on metal as we traveled through Calgary, Medicine Hat, Moose Jaw, Regina, Winnipeg, Kenora, Thunder Bay, White River, Sudbury, Toronto and Ottawa to finally reach Montreal.

Our family of 11 children, aged 13 years to eight months, was moving East from Western Canada to Quebec in late 1938. I was seven years old and had never been on a train before boarding the Transcontinental on December 5, 1938. I was sad about leaving our home near Edmonton, Alberta and I was apprehensive about where we would soon be living.

I tried to imagine what Quebec looked like. Was it full of trees and lakes as was what we saw of Ontario as endless forests rolled by our train. Would we be better off than we were in Alberta? Things had been difficult through the depression which was now officially over and our grandparents had insisted that we move to Quebec where we would be close to the rest of my father's family and have better French education. Before leaving, all of us children had been asked to pack only a few things and so, we were forced to leave most of our "treasures" behind. I had packed the pretty set of porcelain doll dishes I had received at Christmas the previous year. At least, I would have this pretty toy if the place we were heading to turned out to be a disappointment.

We could not afford the food served on the train and after the first day of eating the lunches we had brought with us, my father would run out at stops along the way to purchase, bread, butter, milk and other items which we would then eat back in our seats. We sometimes followed our father out of the train to have a look at the cities, towns and villages where we stopped. I would run to use the bathroom at the local train station. They were cleaner and more interesting than the tiny rickety, smelly toilets on the train. Each stop was a small adventure for me. I had never left home before except to go to school, and here, at the stops, I could see new and different things each time. There were outrageous looking buildings, a steeple in the distance, a bar near the train station, children playing, old men sitting on a bench passing the time of day and watching trains go by. The stops were always busy. Vendors catered to the train passengers who were usually out for a short time. There were close calls at times, when the train was beginning to pull out and some of us had to run madly to jump on board. When the stops were too short, our father would not allow us to follow. We had to wait on the platform near the train.

At midpoint in our long journey, my five year old brother Jacques went missing during a long stretch without a stop. My parents went in opposite directions looking for him through the train. They feared that he had either gotten off at the last stop and had been unable to get back on the train or that he had fallen off between cars as he walked along the train from the engine to caboose. I had visions of my young brother falling off the moving train and lying on the ground covered with blood. Finally, my father found him on the other side of a heavy metal door between cars, which he was unable to open.

It was difficult to walk in a straight line in the narrow aisles in the moving train. I would place my hands on the seat backs on each side of the aisle to steady myself. When our train was stopped and another one went by, it felt as we were also moving.

The train had seen better days. It smelled of cigar and food. It was getting more and more untidy as time went by. After a long stop in Winnipeg for cleaning the cars, no other cleaning would take place before the end of our trip in Montreal.

The trainman appeared regularly in our coach on his way along the train. Once, I followed him all the way to the dining car where I saw rich people enjoying a fancy meal. I moved quickly back to our coach before my father could discover that I had left my seat.

Finally, the Transcontinental whistled its way into Montreal, the morning of December 8, 1938. We were met by aunts and uncles in a joyous reunion. Only half of us could be taken at a time to our grandparents' house many miles away, in St-Jean-Richelieu The others waited at the station for a very long time before someone returned to take them.

We started a new life on a farm near Granby, Quebec. But all was not rosy and my mother cried for a long time while my father tried to comfort her. She had left her family believing that we would have a better life, but she found no improvement; if anything, it was worse. Eventually, she was able to travel several times to Edmonton, by train, for summer visits and some members of the family visited us.

– March 2004 –

# Un temps d'arrêt quotidien

Le besoin d'un temps de solitude et de réflexion se manifeste pour de plus en plus de gens. Le côté spirituel de la vie devient de plus en plus important – à preuve, le grand nombre de livres qui sont publiés sur le sujet ou sur des sujets connexes.

Dans le monde grouillant d'information et d'activités de toutes sortes où nous vivons, nous sommes bombardés de tous côtés par une surdose de détails et d'exigences avec un emploi du temps surchargé. Si nous ne nous arrêtons pas un peu pour réfléchir aux vraies valeurs, nous risquons d'y être forcés à plus ou moins court terme par une maladie, une déprime grave ou une sensation de ne pas pouvoir continuer.

L'être humain a besoin d'entrer en contact avec son âme. Nous ne sommes pas seulement des corps, mais des êtres éternels. Souvent, nous avons peur d'entrer en nous-mêmes parce que nous croyons que nous y verrons quelque chose d'effrayant, que nous serons plus conscients de notre culpabilité. Alors, nous sommes occupés, occupés, occupés, pour ne pas voir ce que nous croyons que nous verrions en nous-mêmes. La réalité, cependant, est tout autre.

La marche, la communion avec la nature et l'écoute de la musique classique peuvent nous aider grandement. L'effet Mozart est maintenant accepté scientifiquement. Dans son livre *The Mozart Effect*, Don Campbell soutient que la musique classique peut développer certaines parties du cerveau. La musique de Haydn et de Mozart contribue à développer la concentration et la mémoire, entre autres. Il dit que Schumann, Schubert, Chopin et Tchaikovsky éveillent le mysticisme, la sympathie et la compassion. Selon lui, Debussy, Fauré et Ravel nous aident à rêver. Voilà certainement la raison pour laquelle la cote d'écoute de la station de radio 99,5 FM (musique classique 24 heures sur 24) a grimpé aussi rapidement pour devenir en un temps record, la station de musique la plus écoutée au Canada.

Puisque nous vivons dans une société où l'électronique nous soumet à une surcharge d'information, il nous faut compenser en prenant le temps de ne rien faire, de nous bercer en écoutant de la musique classique, de lire ou de marcher en forêt.

Ces temps d'arrêt peuvent avoir lieu tôt le matin ou le soir après une journée consacrée au travail ou à autres occupations.

Pour ma part, le temps que je passe tôt le matin à méditer et à faire des exercices physiques m'aident énormément à retrouver une certaine sérénité et à me sentir en possession de ma vie au lieu d'en voir les problèmes. Un autre arrêt le soir est propice à un sommeil réparateur.

Quelle que soit notre méthode pour réfléchir et mieux voir, il est essentiel pour chacun de nous de délaisser régulièrement le quotidien et ses nombreux détails sans importance et d'entrer en contact avec l'autre partie de notre être.

– Avril 1999 –

*Reine du Centenaire de la Ville de Granby /*
*Queen of the Centennial of the City of Granby, 1959.*

*Thérèse avec sa mère au couronnement de la Reine du Centenaire de Granby / With her mother at the coronation ceremony as Queen of the Granby Centennial, 1959.*

*Accompagnant un groupe de voyageurs dans plusieurs pays d'Europe / Taking a group on a trip to several countries of Europe, 1960.*

Société d'histoire – Haute Yamaska (Historical Society). archives Thérèse Bernard

*Le groupe de production du matériel visuel pour Les Jeux Olympiques de Montréal / Production group for visual material for the Montreal Olympic Games.* 1976

*Lors des cérémonies de clôture des Jeux de le XXIe Olympiade / At closing ceremonies of the Games of the XX1st Olympiad, Montréal, 1976.*

*Avec Pierre ElliottTrudeau / With Pierre Elliott Trudeau, 1968.*

*Avec Jimmy Tapp à une promotion / With Jimmy Tapp at promotion in Vermont*

*Avec Luciano Pavarotti à Montréal / With Luciano Pavarotti in Montreal, 1979.*

*Avec Pavarotti dans la cuisine. Il est retourné au restaurant en chantant et en s'accompagnant sur la casserole / With Pavarotti in the kitchen. He returned to the restaurant and sang while playing on the kitchen pot.*

*Avce M. Jean Lesage, Premier ministre du Québec / With Jean Lesage, Premier of Quebec, 1965.*

Société d'histoire – Haute Yamaska (Historical Society), archives Thérèse Bernard

À un bal du Club de chasse à courre de Montréal avec des amis /
At a Montreal Hunt ball with friends.

*En République Populaire de Chine / In Red China, 1977.*

*Discours d'ouverture – complexe LaCité / Speaking at opening of LaCité complex in Montréal, 1976.*

*Au sommet de l'hôtel
Loews Le Concorde /.
Topping off, Loews Le
Concorde Hotel.
Québec.*

*Avec Robert Winters, ministre fédéral, à un bal à Miami pour la
promotion d'Expo 67 / With Robert Winters at a ball in Miami
for the promotion of Expo 67.*

*Maire / Mayor P. H. Boivin, Granby, Thérèse Bernard, M. Paul Comtois, Lieutenant-Gouverneur, Québec.*

*Thérèse Bernard; Leslie Brown, Commissaire, Pavillon du Canada, Expo 67/ Commissioner, Canadian Pavilion, Expo 67; Maire/Mayor Jean Drapeau, Montreal, 1965.*

## COCKFIELD, BROWN & COMPANY LIMITED

ADVERTISING • MERCHANDISING  PUBLIC RELATIONS • RESEARCH

CANADA CEMENT BUILDING
UNiversity 1-1771
MONTREAL

le 20 mars 1964

FOR THE ATTENTION OF
M:
MR: *Mlle Bernard*

REÇU    MAR 2 3 1964
REC'D

1590-2- Bernard

4

CHARGÉ A:        CHARGED T...

Monsieur G. Beaudry
Directeur de la Publicité et de la Promotion
Compagnie Canadienne de l'Expostion
Universelle de 1967
Place Ville-Marie
Montréal, P.Q.

Mon cher Guy,

J'ai assisté lundi soir, à l'hôtel Queen's, au dîner
annuel de l'Association des anciens de l'école secondaire de Westmount.
L'honorable Yvon Dupuis, conférencier invité, avait fait savoir dimanche soir qu'il ne pourrait venir en raison de la présentation du
budget à Ottawa.

On a donc demandé à Mademoiselle Thérèse Bernard de
remplacer M. Dupuis ... au pied levé; ce qu'elle a fait avec un
brio impressionnant, devant un groupe d'hommes peu disposés à s'en
laisser accroire. C'est la première fois, à ma connaissance, qu'une
femme assiste à ce dîner - à plus forte raison comme conférencière.

Ceci n'a rien d'officiel - l'association des anciens
de Westmount, dont je suis un simple membre, ne m'a pas chargé de
faire des remerciements. Je voulais simplement, de mon propre chef,
vous faire savoir avec quelle maîtrise et quel naturel Mademoiselle
Bernard représentait l'Expo.

Veuillez agréer, mon cher Guy, mes sentiments les
meilleurs.

*Ian*

Ian Roberts,
Chef de publicité

IR/gg

TORONTO: *185 Bloor Street East* • WINNIPEG: *Electric Railway Chambers* • VANCOUVER: *Burrard Building*

**LE SÉNAT**
CANADA

O t t a w a
le 13 février 1967.

Mlle Thérèse Bernard,
Coordonnatrice du Guide de l'Expo 67,
Edifice de l'Administration,
Expo 67,
Montréal,  P.Q.

Chère compatriote,

      Toutes mes félicitations pour
votre magnifique guide.  Je puis maintenant
vous répéter que votre patron m'a dit que
vous étiez la seule capable de faire un tel
travail.

      Vous pouvez constater une fois
de plus que la persévérance est toujours
récompensée.

      Votre ministre l'Honorable Robert
Winters a pris en bonne part ma suggestion
d'adresser votre guide avec sa carte personnelle à tous les parlementaires.

      Mes meilleures amitiés et mes
meilleurs voeux.

      Votre vieil ami,

      Jean-François Pouliot

Exposition Universelle de 1967

1967 World Exhibition

Cabinet du Commissaire général
Office of the Commissioner General

le 31 octobre 1967

Chère Mademoiselle Bernard,

Vous avez été la première à me recevoir à l'aéroport de Dorval quand je suis venu assumer mes fonctions de Commissaire général. Ce fut de bon augure.

Depuis, j'ai toujours constaté que votre présence à l'Expo était un facteur de qualité. J'ai eu l'occasion de le dire en plusieurs circonstances.

J'ignore la voie dans laquelle vous vous dirigerez. Quelle qu'elle soit, je serai toujours heureux de témoigner de votre intelligence, de votre style et de votre dévouement à servir une grande cause.

Tous mes voeux vous accompagnent.

Veuillez agréer, chère Mademoiselle Bernard, l'expression de mes sentiments respectueux.

L'Ambassadeur et Commissaire général,

Pierre Dupuy

Mademoiselle Thérèse Bernard,
    Expo 67,
        Montréal.
L'Exposition universelle et internationale de 1967, Montréal, Canada
The Universal and International Exhibition of 1967, Montreal, Canada

Société d'histoire – Haute Yamaska (Historical Society),
archives Thérèse Bernard

# La boîte

Un jeune homme apprend une importante leçon de vie du voisin.

Il n'avait pas eu de nouvelles du vieil homme depuis longtemps. Il y avait eu les années à l'université, sa carrière et la vie en général. En fait, Jean avait déménagé à l'autre bout du pays pour poursuivre ses rêves. Là, sa vie remplie ne lui laissait pas le temps de penser à son enfance et même de passer beaucoup de temps avec sa femme et son fils. Il travaillait à son avenir et rien ne l'arrêtait.

Au téléphone, sa mère lui dit : « Monsieur Genest est décédé hier soir. Les funérailles auront lieu mercredi. » Soudainement, il vit un film mental de souvenirs de son enfance sans pouvoir l'arrêter.

« Jean, lui dit sa mère, m'as tu entendue? »

« Excuse-moi maman, oui, j'ai entendu. Il y a si longtemps que je l'ai vu, je le croyais mort depuis des années », répondit Jean.

« Eh bien, lui ne t'a jamais oublié. Chaque fois que je le voyais, il me demandait des nouvelles de toi. Il parlait des nombreux jours heureux que tu avais passés avec lui. »

« J'aimais cette vieille maison où il habitait. ».

« Tu sais, Jean, après la mort de ton père, monsieur Genest t'a pris sous son aile, pour ainsi dire, afin de s'assurer que tu aies une présence masculine dans ta vie. »

« C'est lui qui m'a enseigné à travailler le bois, et il a passé beaucoup de temps à m'enseigner les choses qu'il croyait importantes. Maman, je serai là pour les funérailles. »

Malgré ses occupations, Jean prit le prochain vol vers sa ville natale. Les funérailles de monsieur Genest furent simples. Il n'avait pas d'enfants et ses proches étaient presque tous décédés.

La veille de son départ pour rentrer chez lui, Jean alla avec sa mère voir la veille maison voisine, pour une dernière fois.

Debout dans la porte, Jean s'arrêta un moment. C'était comme un passage dans une autre époque, un saut à travers le temps et l'espace. La maison était telle qu'il s'en souvenait. Chaque pas lui remémorait des souvenirs. Chaque photo, chaque meuble.

Jean s'arrêta brusquement.

« Qu'y a-t-il? » demanda sa mère.

« La boîte est partie, » répondit Jean.

« Quelle boîte? »

« Il gardait une petite boîte dorée fermée à clé, sur son pupitre. J'ai dû lui demander mille fois ce que contenait cette boîte. Il m'a seulement dit qu'il y gardait ce qu'il considérait le plus précieux au monde. »

La boîte était partie. Et tout le reste était comme Jean se rappelait. Il pensa que quelqu'un de la famille avait pris la boîte précieuse.

« Maintenant, je ne saurai jamais ce qui lui tenait le plus à cœur, » dit Jean avant de rentrer chez lui.

Deux semaines plus tard, à son retour du travail, Jean trouva une note dans sa boite aux lettres : *Signature requise pour un paquet – personne à la maison – à récupérer au bureau de poste suivant d'ici trois jours.*

Tôt le lendemain, Jean alla chercher l'"envoi.

Le paquet semblait avoir été posté depuis longtemps. L'écriture était difficile à lire, mais l'adresse de retour attira l'attention de Jean : expéditeur – Pierre Genest.

Aussitôt dans sa voiture, Jean ouvrit le paquet et y trouva la boîte en or et une enveloppe. Il tremblait en lisant la note : « Après mon décès, veuillez faire parvenir cette boîte et son contenu à Jean Paré. C'est la chose que j'ai le plus estimée de ma vie. » Une petite clé était collée à la lettre.

En ouvrant la boîte, Jean avait le cœur gros. À l'intérieur, il trouva une belle montre de poche en or. Au dos du couvercle, les mots suivants étaient gravés : *Jean, merci d'avoir passé autant de temps avec moi. – Pierre Genest.*

« Ce qu'il avait de plus précieux était le temps avec moi! » pensa Jean.

Il garda la montre dans ses mains pendant de longues minutes, puis il téléphona à son bureau pour annuler tous ses rendez-vous des deux jours suivants.

« Puis-je savoir pour quelle raison? » demanda sa secrétaire.

« Je veux passer du temps avec mon fils, » répondit Jean.

« Et, au fait, Pierrette, merci de tout ce que tu fais pour moi. »

La vie n'est pas mesurée par le nombre de souffles que nous prenons, mais par les moments qui nous coupent le souffle.

– Juillet 2003 –

# La sagesse

Dans le Grèce ancienne, Socrate était reconnu pour son savoir et sa grande sagesse.

Un jour, quelqu'un vint le voir pour lui dire: « Socrate, savez-vous ce que je viens d'entendre au sujet de votre ami? »

« Attendez, répondit Socrate, avant de raconter ce dont il s'agit, j'aimerais vous faire passer un petit test. Il s'agit d'un test à triple filtre. »

« Un triple filtre? Qu'est-ce qu'un triple filtre? »

« Avant de me parler de mon ami, il serait bon de prendre un moment pour filtrer ce que vous allez dire.

Le premier filtre est la vérité. Vous êtes vous assuré que ce que vous allez dire est bien la vérité? »

« Non, répondit l'homme, en fait, j'ai seulement entendu cela, et… »

« Bon, dit Socrate, donc, vous ne savez pas si cela est vrai ou non.

Maintenant, essayons le deuxième filtre, le filtre de la bonté. Est-ce quelque chose de bon que vous allez me dire au sujet de mon ami? »

« Non, au contraire. »

« Alors, continua Socrate, vous voulez me dire du mal de lui, mais vous n'êtes pas certain que cela soit vrai.

Vous pourriez quand même réussir le test, car il reste un dernier filtre: il s'agit du filtre de l'utilité.

Ce que vous voulez me dire au sujet de mon ami, me sera-t-il utile? »

« Non, pas vraiment. »

« Alors, conclut Socrate, si ce que vous voulez me dire n'est ni vrai, ni bon, ni utile, pourquoi me le dire? »

« Bon, j'ai compris », répondit le visiteur.

Avec le temps, le visiteur atteignit, lui aussi, la sagesse enseignée par Socrate.

À quoi sert de répandre des nouvelles qui ne sont ni vraies, ni bonnes, ni utiles.

On peut faire la conversation sans attaquer inutilement les autres et sans ternir la réputation d'autrui. Il vaut mieux entamer des sujets intéressants, instructifs et utiles et ajouter, en même temps, à notre bagage de connaissances.

– Juillet 2002 –

# In China forever

In *China Forever* is the title of a book by my brother
Prosper about the life of our uncle, a Jesuit priest killed
in China by the Japanese in 1943.

Prosper Bernard, S.J. left for China the same year as Dr.
Norman Bethune and both later gave their lives for the
China they loved.

The book is first of all the biography of Father Prosper
Bernard, S.J. known in China, as Na Shi Rong Shen Fu.

It is also the history of Canada's relations with China
until the liberation in 1949 (when the Communists took
over the government and formed The People's Republic of
China) and the 40 years of silence that followed. It is as
well, a reflection on modern China and a guide on how to
succeed in business in China. And lastly, it is, at the start of
the new millennium, the possibility of new relations cre-
ated by business and education.

Prosper Bernard arrived in China during the civil war
and the occupation by the Imperial Japanese army of part
of the country, including Jiangsu province.

In 1941 he was director of the school in Taolou, 10 km
from Fengxian, at the most northern point of the province
of Jiangsu. Since he was a priest, he was also in charge of
the local church. On December 8, 1941, following the
attack on Pearl Harbor, the previous day, Canada and the
United States declared war on Japan. Immediately,
Canadians and Americans in the occupied territory were
arrested.

In 1999, fifty-eight years later, aged citizens of Taolou,
in tears, related the tragic circumstances of the arrest of my
uncle, Na Shi Rong Shen Fu whom they loved so much.

One man said he cried all the tears of his body then and nearly every day since. Late, on the day of his arrest, Father Prosper (Na Shi Rong Shen Fu) was in his school when officers of the Imperial Japanese army arrested him and brought him to Fengxian where he remained in captivity for fifteen months with two other Jesuit priests. They continued to teach as well as they could, in the yard of the church were they were detained. This brought the wrath of the Japanese army, particularly of one officer who felt he was losing face. On March 18, 1943, the three priests were executed after having been brutalized. They had wanted to save a school that provided education for numerous youths made poor by the civil war and the Japanese occupation (20 million Chinese were killed during the occupation).

My brother retraced the history that followed. The name of the Japanese officer was revealed to him and he was told that this officer was called back only to be sent to the front again where he was shot in the back by his own soldiers.

Strangely, my brother who bears the same name as my uncle was only $1^1/_2$ years old when our uncle was killed. His oldest memory of our uncle was a framed photo in the living room of our house. He was told that his uncle had died as a martyr in China. As soon as he could talk, he asked: "Where is China?" and he was answered: "On the other side of the world". He went out and, with his brother Louis, began to dig under the beautiful old maple trees near our house and he "spoke to the Chinese on the other side of the world." The end of the war in the Pacific came on August 15, 1945, the day my brother turned four. Although he is now 58 years old, he still believes that he heard the Chinese when digging under the maple trees. He has been fascinated all his life, by the story of our uncle who had become Chinese.

Following the war and during, The People's Republic of China, a long silence separated China and Canada. This silence is heard in the book.

In January 1983, 40 years after the murders in Fengxian and shortly after the Cultural Revolution, my brother Prosper and his wife Francine went to China with Dr. Kirpalan of Concordia University. They were in China for a project with a consortium of Canadian universities and a consortium of Chinese universities.

They also desperately wanted to go to Fengxian. After many days of difficult negotiations with Government officials they were not permitted to go there from Xuzhou. Minutes before their scheduled departure from Xuzhou, by fate or by miracle, they received a call from the Minister of Defense of China granting them special permission to go to Fengxian.

As it turned out, my brother and his wife arrived in Fengxian in the middle of the night, only a few days after the reopening of the church destroyed during the Cultural Revolution and rebuilt by local people. They were the first visitors to that area since 1949. In the frigid night they knelt where the three Canadian priests were buried and they knew they were in the right place. One year before, in 1982, my brother had begun a painstaking research through contacts in Hong Kong, Taiwan, The Philippines, etc. He had such a precise drawing that when the people in charge of the church said "This is the place," he was certain it was so.

My brother Prosper is known internationally for this MBA program which he teaches as guest teacher during intense sessions is several countries, including Latin America, South America and Mexico. He teaches in French, English, Spanish and Portuguese.

He went back to China in 1994, 1995 and 1999 and while there he did a great deal of research about our uncle, about China, about business in China and the need for MBA courses for the Chinese. Sui Hui, one of his former students in Montreal, now holds an important post in the Chinese Government and she was instrumental in helping Prosper with contacts in China.

In 1999, a project with the China University of Mining and Technology was developed to set-up an MBA program in China. An agreement was reached and the final approval arrived in Montreal from Beijing in December 2000.

Beginning in 2001 an MBA course will begin in Xuzhou with a diploma from the Université du Québec à Montréal. Fifty years after the expulsion of Quebecers from Xuzhou, other Quebecers will return there, again for education.

My uncle had predicted that one day one of his nephews would go to China to continue his work. It seems that it will come to pass as my brother will be greatly involved with the MBA program. His son also wants to teach there when he completes his doctorate at City University in New York. He also teaches at the Bernard Baruch School where his father obtained his doctorate in administration nearly 30 years ago.

My uncle had also predicted that his church in Taolou would be destroyed but that it would rise again from the ashes. He was right. My brother with his wife and son were only granted permission to visit Taolou in 1999 when they could finally see the place where Father Prosper was arrested in 1941. The church and school which had been destroyed during the cultural revolution were rebuilt a short time ago and they are surrounded by beautiful orchards. On this visit, on official car of the Chinese Government drove them to Taolou.

The book also offers a look at modern China and the hope that the new relations through business and education will be fruitful.

Part of the book is about business and commerce with China. It offers a model and advice for succeeding in business in that country. It is thus a Management tool.

China has had one of the highest economic growths in the world in the last few years. In 2000, it was the 2nd world economy after the United States and ahead of Japan. It is reasonable to expect that it will surpass the United States before the end of this new century.

This book was also published in French under the title "De l'autre Côté de la terre, la Chine."

Dr. Norman Bethune, a Canadian physician, well known in China, died in China in the Liberation army. He and Prosper Bernard – Na Shi Rong Shen Fu met in China where they lived during the same period. Prosper Bernard also died in China for China – and he will remain in China forever.

When the sun goes down on America where Prosper was born, in the mysterious, marvelous, faraway, fascinating China, in Fengxian, Xuzhou, in the province of Jiangsu where he was killed, on the other side of the world, that same sun lights up the monument erected by local people in the memory of the three Jesuit priests who gave their lives for China and for education.

This book was also written in Chinese under the title: Biography of a Canadian killed by Japanese for his love of China.

– January 2001 –

# La course en taxi

Un ex-chauffeur de taxi a raconté cette histoire qu'il a
vécue il y a plusieurs années.

Lorsque je suis arrivé à 2h30, l'immeuble était sombre,
sauf pour une lumière à une fenêtre du rez-de-chaussée.
Dans ces conditions, en pleine nuit, plusieurs chauffeurs
auraient klaxonné une ou deux fois et seraient partis. Mais,
j'avais vu beaucoup de gens non fortunés qui se fiaient aux
taxis comme seul moyen de transport en cas d'urgence. À
moins que la situation ne semble dangereuse, je me
rendais toujours à la porte. Ce passager aurait peut-être
besoin de mon aide, me suis-je dit.

Je me suis donc rendu à la porte et j'ai frappé. « Une
minute », répondit une voix frêle et âgée. J'entendais le
bruit d'un objet glissé sur le plancher. Après une longue
pause, la porte s'ouvrit et je vis une petite femme de plus
de 80 ans. Elle portait une robe imprimée et un petit chapeau avec une voilette comme dans un film des années
quarante.

Près d'elle se trouvait une petite valise en nylon.
L'appartement avait l'air de n'avoir pas servi depuis des
années. Les meubles étaient couverts de draps. Il n'y avait
rien sur les murs. Dans un coin se trouvait une boîte en car-
ton remplie de photos et de verrerie.

« Apporteriez-vous ma valise à l'auto? » dit-elle. J'ai fait
ce qu'elle me demandait et suis revenu pour aider la dame.
Elle me prit le bras et nous avons marché lentement vers le
trottoir tandis qu'elle ne cessait de me remercier de ma
gentillesse.

« Ce n'est rien, » dis-je. « J'essaye seulement de traiter
tout le monde comme je le ferais si c'était ma mère. »

« Oh, vous êtes si gentil, » dit-elle.

Dans le taxi, elle me donna une adresse et me demanda de passer par le centre-ville. « Ce n'est pas le chemin le plus court, » lui dis-je. « Oh, cela ne fait rien, » dit-elle. « Je ne suis pas pressée. Je m'en vais dans un hospice. » Je vis dans le rétroviseur qu'elle avait les yeux mouillés. « Je n'ai plus de famille, » continua-t-elle. « Le médecin dit que je n'en ai pas pour longtemps. » Doucement, j'ai arrêté le compteur et lui ai demandé : « par où voulez-vous passer? »

Durant les deux heures suivantes, nous nous sommes promenés dans la ville. Elle m'a montré l'immeuble où elle avait jadis travaillé comme préposée à l'ascenseur. Nous sommes ensuite passés devant la maison où elle et son mari avaient habité lorsqu'ils étaient de jeunes mariés. Puis elle m'a demandé d'arrêter devant un immeuble qui servait d'entrepôt de meubles, une ancienne salle de bal où elle avait dansé lorsqu'elle était jeune fille. Parfois, elle me demandait d'arrêter à un coin de rue ou devant un immeuble particulier et elle regardait tout simplement dans le noir, sans faire de commentaire.

Dès que le jour se pointa, elle dit soudainement : « Je suis fatiguée. Allons y. »

Nous étions silencieux pendant que je l'amenais à l'adresse qu'elle m'avait donnée. C'était un petit immeuble qui semblait être une maison pour convalescents.

À la porte, deux aides vinrent à la voiture, avec fauteuil roulant. J'ouvris le coffre de l'auto et j'apportai la petite valise à la porte. La dame était déjà installée dans le fauteuil roulant.

« Combien vous dois-je? » dit-elle en prenant son sac à main. « Rien, » dis-je.

« Vous travaillez pour vivre, »dit-elle. « Il y a d'autres passagers, » répondis-je sans vraiment réfléchir. Je me suis penché pour l'embrasser. Elle me serrait très fort. « Vous avez donné de bons moments de joie à une vieille femme. Merci. »

Je lui serrai la main avant de partir dans la faible lumière du jour levant. Derrière moi, une porte se ferma. C'était le bruit de la fin d'une vie.

Je n'ai pris aucun autre passager durant le reste de ma journée de travail. Je me suis promené sans but, perdu dans mes pensées. Je n'ai pas parlé durant le reste de cette journée. Que serait-il arrivé si cette femme avait eu un chauffeur de taxi coléreux ou impatient de terminer son travail? Et, si j'avais refusé d'attendre après avoir klaxonné une seule fois devant sa porte et que j'étais reparti?

Après réflexion, je ne crois pas avoir fait rien de plus important de toute ma vie.

Nous sommes trop souvent convaincus que nos vies se tissent autour de grands moments. Pourtant, les moments extraordinaires nous « tombent dessus » souvent sans prévenir.

– Juin 2005 –

# Les guerriers de la route

Vous êtes-vous déjà demandé qui sont ces gens pressés et pourquoi ils sont ou semblent en colère sur la route.

Comment se fait-il que des gens normalement sains d'esprit deviennent des bêtes au volant d'une auto?

Je suis toujours étonnée de voir des personnes aussi furieuses et pressées d'arriver je ne sais trop où. Si je roule à 92 km/heure sur une route où la vitesse permise est de 90 km/heure, je constate souvent que l'automobiliste qui me suit est à quelques centimètres du coffre de ma voiture. Son visage est crispé et il grimace en me montrant le doigt.

L'autre jour, j'en ai suivi un qui m'avait dépassée en faisant crier ses pneus, tellement il était pressé. Lui et son compagnon se sont brusquement arrêtés devant moi pour entrer dans le stationnement d'un restaurant. J'ai dû freiner de toute urgence pour ne pas emboutir leur voiture. Ils se rendaient à un événement urgent d'une extrême importance : prendre leur déjeuner!

Un ami s'est fait crier par un automobiliste qui le dépassait dans une courbe : « c'est la pédale de droite, vous savez ! »

Conduire une voiture devrait être plaisant, offrir un défi et avoir une raison d'être. Voyons, tous ces maniaques dangereux sur la route ne sont pas en route vers l'hôpital avec un passager en état grave.

Vaut-il la peine de se mettre en colère et risquer de faire grimper sa pression artérielle? Certainement pas.

Pour changer d'attitude sur la route, il faut: cesser de voir le temps passé à conduire comme du temps perdu et de considérer les autres automobilistes autour de nous comme des obstacles dans notre hâte à nous rendre à destination.

Apprenons à être là où nous sommes, sans angoisse. Quand la circulation est lente, trouvons une manière de jouir du moment en écoutant de la belle musique ou une cassette enrichissante.

Laissons passer les gens pressés qui mettent leur vie et celle des autres en danger. Ils auront peut-être un rendez-vous surprise avec des policiers au détour du chemin.

Et les services rendus au hasard? Laisser passer quelqu'un qui a du mal à prendre la route à cause d'une longue file de voitures. Qu'y perdons-nous? Peut-être une longueur d'auto vers notre destination.

Lorsque la voiture derrière est dangereusement près du pare-chocs de la nôtre, comme si c'était la saison amoureuse pour les automobiles, résistons à la tentation de donner un coup de frein brusque pour effrayer le conducteur. Respirons profondément, mettons notre signal vers la droite et enlevons-nous de sa route.

Ne nous vengeons pas d'un automobiliste qui vient de nous offenser par un recours à l'appel de phares. Voulons-nous vraiment pousser à la folie un automobiliste déjà dangereux?

Il y a aussi celui qui ne peut attendre comme tout le monde dans un embouteillage et qui s'apprête à dépasser sur l'accotement? Au lieu de pointer notre voiture pour le bloquer, prenons notre mal en patience et laissons-le passer. Nous aurons peut-être évité un accident.

Bien sûr, il y a des gens à qui la route devrait être interdite. Que dire du conducteur d'une camionnette ébréchée qui a presque causé une collision multiple plaçant votre voiture au centre d'un « sandwich métallique »? Oui, klaxonnez si vous le devez, mais sachez que ce nain mental vous montrera le doigt, assuré qu'il n'a rien à se reprocher.

– Juin 2000 –

# Les amis sont des anges...

Jacques jeta un coup d'œil dans son rétroviseur et regarda longuement son compteur de vitesse avant de s'arrêter : 95 km/heure dans un secteur où la vitesse maximale admise était de 50 km. C'était la quatrième fois en autant de mois. Comment peut-on se faire prendre aussi souvent? Lorsque la voiture diminua à 10 km, Jacques la dirigea partiellement sur l'accotement. Que le policier s'inquiète du danger potentiel pour la circulation. Une voiture pourrait peut-être frapper l'arrière du véhicule de police. Le policier descendit de la voiture avec son gros calepin en main. Robert? Robert, que Jacques voyait à l'église? Jacques essaya de se cacher derrière le col de son imperméable. C'était pire que la contravention à venir. Un policier qui arrêtait un collègue de sa paroisse. Un homme qui était seulement un peu pressé de rentrer chez lui après une dure journée au bureau. Un ami avec qui il devait jouer au golf le lendemain.

L'homme qu'il voyait tous les dimanches s'approcha. Un homme que Jacques n'avait jamais vu en uniforme.

« Bonjour Robert, c'est étrange de te rencontrer comme ça. »

« Bonjour Jacques. » Aucun sourire.

« Tu m'as pris pressé de rentrer à la maison pour voir ma femme et mes enfants. »

« Oui, je suppose. » Robert semblait incertain.

« J'ai travaillé de longues journées récemment. Je suppose que je n'ai pas fait attention – juste cette fois. Diane a parlé d'un bon rôti avec des patates pour ce soir. Tu vois ce que je veux dire? »

« Je sais ce que tu veux dire. Je sais aussi que tu as une réputation. » Aïe! Ça allait mal. Il était temps de changer de tactique.

« À qu'elle vitesse m'as tu pris? »

« 90, attends ici. »

« Une minute, Robert. J'ai vérifié dès que je t'ai vu. C'était plutôt 75. » Le mensonge devenait plus facile à chaque contravention.

Les minutes passèrent. Robert écrivait sur son calepin. Pourquoi n'avait-il pas demandé son permis de conduire?

Quelle que soit la raison, Jacques n'était pas près de s'asseoir de nouveau auprès du policier. Après un long moment, un doigt sur la portière le fit se retourner vers la gauche. Robert était là, une feuille de papier pliée dans les mains. Jacques descendit la vitre de seulement deux pouces, juste assez pour que Robert lui passe le papier.

« Merci. » Jacques était incapable de le dire sans mépris.

Robert retourna à sa voiture sans mot dire. Jacques le voyait s'éloigner dans son rétroviseur. Il déplia le papier. Combien cela allait-il lui coûter? Une minute. Qu'est-ce que c'est? Certainement pas une contravention. Jacques commença à lire:

*« Cher Jacques,*

*J'avais une fille. À six ans, elle a été tuée par un automobiliste qui roulait trop vite. L'homme a eu une amende et trois mois de prison; puis il était libre. Libre d'embrasser ses trois filles. Moi, je n'en avais qu'une et je ne pourrai plus jamais la serrer contre moi. Mille fois, j'ai essayé de pardonner à cet homme. Mille fois, je croyais l'avoir fait. Je l'avais peut-être fait, mais je dois encore lui pardonner. Même maintenant. Prie pour moi Jacques, et sois prudent, mon fils est tout ce qui me reste. »*

*Robert.*

Jacques se retourna à temps pour voir le véhicule du policier s'éloigner. Il le suivit des yeux jusqu'à ce qu'il disparaisse. Au moins 15 minutes plus tard, lui aussi démarra et conduisit lentement vers la maison, tout en demandant pardon. En arrivant, il embrassa sa femme et ses enfants surpris.

La vie est précieuse. Manipuler avec soin. Sachez que vous êtes exactement là où vous devez être.

Je crois que les amis sont des anges qui nous remettent sur pied lorsque nos ailes ont de la difficulté à se souvenir comment voler.

– Juin 2001 –

# Le rire thérapeutique

Le père d'une famille de cinq enfants gagne un jouet lors d'une fête champêtre Il regroupe ses enfants pour déterminer lequel d'entre eux aura le cadeau.

« Qui a été le plus obéissant? demande-t-il. Qui n'a jamais été insolent avec sa mère. Qui a fait tout ce que maman lui demandait? »

Les cinq petites voix répondent à l'unisson:
« OK papa, tu peux garder le jouet. »

\* \* \*

Un homme tente d'éviter d'être choisi comme juré lors d'un procès. Il dit au président qu'il veut se désister.

« Mais, pourquoi? »

« Parce que, monsieur le président, dès que j'ai vu la tête de ce gros individu aux cheveux gras et sales, j'ai tout de suite su qu'il était coupable. »

« Asseyez-vous, dit le juge, l'individu en question est l'avocat! »

\* \* \*

Salon de l'auto: Comment reconnaître les nationalités des visiteurs au Mondial de l'automobile?
- l'Allemand examine le moteur
- l'Anglais examine les cuirs
- le Grec examine l'échappement
- l'Italien examine le klaxon
- l'Américain examine la taille
- le Portugais examine la peinture
- le Suisse examine le coffre
- le Chinois examine tout

- le Belge n'examine rien
- le Français examine la vendeuse

\* \* \*

Un jeune homme se trouve sur le Titanic durant le naufrage. Il voit une chaloupe, la jette à l'eau et s'apprête à sauter dedans.

Apparaît alors le capitaine qui lui crie:
« Eh, que faites-vous là! Il y a encore des femmes à bord! »

Et l'autre de répondre :
« Eh bien, si vous croyez que c'est le moment de penser à ça. »

\* \* \*

Un Anglais, un Français et un Russe se trouvent devant un tableau d'Adam et Eve au paradis originel.

L'Anglais dit : « Regardez leur réserve, leur calme, ils doivent être Anglais. »

Le Français dit :
« Je ne pense pas. Regardez comme ils sont beaux et impudiques. À mon avis, ils sont Français. »

Le Russe leur dit :
« Vous n'y êtes pas du tout. Regardez bien. Ils n'ont pas de vêtements, pas de maison, seulement une pomme à manger et on leur dit que c'est le Paradis! Ils sont Russes, évidemment. »

\* \* \*

Aux douanes néerlandaises, le douanier demande :
« Vous avez de l'alcool? »
« Non.»
"Vous avez des armes?"
« Non, »
"Vous avez de la drogue?"
« Non. »

Après avoir jeté un bref coup d'œil aux alentours, le douanier demande :
« Vous en voulez? »

* * *

Une amie marchait sur le trottoir avec sa petite fille de quatre ans. Celle-ci se pencha, ramassa quelque chose sur le sol et s'apprêtait à le mettre dans sa bouche. La maman lui dit de ne pas faire cela.

« Pourquoi? » demanda l'enfant.

« Parce que c'est sale et probablement plein de microbes. »

La petite regarde alors sa mère avec admiration et lui dit: « Wow! Comment connais-tu toutes ces choses, maman? »

La maman pense vite et répond : « Les mamans savent ces choses, c'est dans le test de la maman. »

« Oh! »

Puis, les deux continuèrent à marcher en silence tandis que l'enfant réfléchissait.

« Ça y est, j'ai compris, » s'écria-t-elle. « Quand tu échoues le test, c'est là que tu deviens le papa. »

* * *

Le passager d'un taxi veut parler au chauffeur.

Il se penche et, pour attirer son attention, lui tape sur l'épaule.

Le chauffeur jette un cri de mort, donne un coup de volant et appuie sur l'accélérateur, si bien qu'il quitte la chaussée et va s'écraser contre un poteau.

Le pauvre client tout secoué s'excuse auprès du chauffeur :

« Je ne voulais pas vous faire peur. Que s'est-il passé? »

Le chauffeur répond :

« Ce n'est pas vraiment votre faute. C'est ma première journée de conduite de taxi. Depuis 25 ans, je conduisais des corbillards. »

– Mai 2001 –

# *Le professeur*
# *de piano*

Je veux partager avec vous l'histoire vécue qui suit. Elle a été racontée par une Américaine qui a enseigné le piano pendant longtemps dans des écoles élémentaires et a donné des cours privés à la maison, pour augmenter ses revenus.

Parmi ses élèves se trouvaient des enfants talentueux et aussi des enfants avec des problèmes d'apprentissage de la musique. Robby était l'un de ces derniers.

Il avait 11 ans, lorsque sa mère l'amena pour sa première leçon de piano. J'aimais mieux que les enfants commencent plus tôt (surtout les garçons) ce que j'ai expliqué à Robby.

Il m'a répondu que sa mère rêvait de l'entendre jouer du piano. Je l'ai donc accepté et il a commencé ses leçons, mais, dès le début, je pensais que c'était peine perdue. Malgré ses efforts, il manquait à Robby le ton et le rythme musical requis pour exceller. Mais il pratiquait religieusement entre ses leçons hebdomadaires. À la fin de chaque leçon, il disait : « Un jour, ma mère m'entendra jouer du piano. »

Mais cela semblait impossible. Il n'avait pas de talent. Je ne connaissais pas sa mère. Je la voyais dans sa vieille voiture lorsqu'elle amenait Robby et attendait jusqu'à la fin de la leçon. Elle m'envoyait la main et souriait, mais elle n'est jamais venue dans la maison. Puis, un jour Robby cessa de venir. J'ai pensé lui téléphoner mais, connaissant son manque d'habileté, j'étais contente qu'il ait abandonné. Il n'était pas une bonne annonce pour mes cours.

Quelques semaines plus tard, j'ai fait parvenir des dépliants à tous mes étudiants au sujet du prochain récital. À ma grande surprise, Robby demanda de participer. Je lui ai dit que ce récital était pour les élèves actuels et que, puisqu'il avait abandonné ses cours, il n'était pas admissible.

Il m'a dit que sa mère avait été malade et n'avait pas pu l'amener à ses cours. Il me supplia : « Je dois absolument jouer, » insista-t-il.

Je ne sais pas ce qui m'a poussée à le laisser jouer lors du récital. Le gymnase de l'école était bondé de parents et d'amis. J'ai placé Robby le dernier au programme. Je devais ensuite me présenter, remercier les étudiants et jouer une pièce finale et je pourrais ainsi compenser pour la piètre performance de Robby.

Le récital se déroula sans accrochage. Les étudiants avaient bien pratiqué et cela se voyait. Puis, Robby arriva sur l'estrade. Ses vêtements étaient froissés et ses cheveux avaient l'air d'avoir été coiffés au moyen d'un batteur à œufs. Pourquoi ne s'est-il pas habillé comme les autres? Robby tira le banc et prit place devant le piano.

J'étais surprise quand il a annoncé qu'il jouerait le concerto n° 21 de Mozart. Rien ne m'avait préparée à ce qui suivit. Ses doigts étaient légers sur les notes, ils dansaient même. Il alla de pianissimo à fortissimo, d'allegro à virtuoso. Jamais je n'avais entendu du Mozart joué de cette manière par quelqu'un d'aussi jeune. Il termina dans un grand crescendo et toute la foule se leva dans un tonnerre d'applaudissements.

Je ne pouvais pas retenir mes larmes en m'avançant vers l'estrade. En plaçant mon bras autour des épaules de Robby, je lui dis : « Je ne t'ai jamais entendu jouer comme cela, comment as-tu fait? » Devant le micro, Robby m'expliqua : « Vous vous souvenez que je vous ai dit que ma mère était malade? Elle souffrait du cancer et elle est décédée ce matin. Et elle était sourde. Ce soir, elle m'entendait jouer pour la première fois. Je voulais que ce soit spécial. »

Tout le monde avait la larme à l'œil. Même les gens des services sociaux venus pour placer Robby dans un foyer d'accueil avaient les yeux rouges et je me suis dit que ma vie avait été plus riche pour avoir accepté d'enseigner le piano à Robby.

Il m'a enseigné la tolérance et la persévérance ainsi que l'amour et l'estime de soi et l'importance de donner une chance à quelqu'un sans trop savoir pourquoi.

Cette histoire vécue a pris une autre tournure, plusieurs années plus tard, lorsque, après avoir servi son pays à la guerre du Golfe, Robby a été tué par une bombe qui a détruit un immeuble fédéral à Oklahoma City, en 1995. Il semble qu'il jouait du piano quand a été frappé.

— Avril 2005 —

# L'incroyable puissance de l'esprit humain

Il y a quelques années, le violoniste de réputation mondiale Itzhak Perlman monta sur scène pour un concert au Lincoln Centre de New York. La polio qui l'a frappé dans son enfance l'a handicapé à tel point qu'il doit porter des appareils orthopédiques aux deux jambes et marcher avec deux béquilles.

Cela ne l'a pas empêché de poursuivre une carrière musicale exceptionnelle et de jouer de son art dans les plus grandes salles de concert du monde. Une fois sur scène, il marche au ralenti, un pas à la fois, douloureusement, mais majestueusement jusqu'à sa chaise. Puis il s'assoit lentement, met ses béquilles sur le sol, défait les crochets sur ses jambes, place un pied derrière et l'autre devant. Puis, il se penche et prend son violon, le pose sous son menton et signale au chef d'orchestre qu'il est prêt à jouer.

Les mélomanes le connaissent et ils sont habitués à ce rituel. Ils attendent patiemment et avec révérence pendant qu'il se déplace péniblement sur la scène, qu'il détache les crochets de ses jambes. Ils ont hâte de l'entendre jouer.

Mais ce jour-là, au Lincoln Centre, alors qu'il n'avait joué que quelques notes, une des cordes de son violon se brisa. L'auditoire l'a entendu claquer comme un coup de feu à travers la salle et on savait très bien ce qui venait de se passer.

On pensa que Perlman devrait se lever, remettre ses crochets, reprendre ses béquilles et refaire péniblement son chemin vers l'arrière-scène pour trouver un autre violon ou une nouvelle corde. Mais il n'en fit rien. Il s'arrêta un moment, ferma les yeux puis signala au chef d'orchestre de recommencer. L'orchestre commença donc à jouer et le violoniste reprit là où il avait laissé. Il joua avec une passion, une puissance et une pureté jamais entendues auparavant.

Bien sûr, tout le monde sait qu'il est impossible de jouer une pièce symphonique avec seulement trois cordes à son violon, mais, ce soir-là, Itzhak Perlman refusa d'y croire. On pouvait le voir modulant, changeant et recomposant la pièce dans sa tête. C'était comme s'il tirait des sons nouveaux des cordes qui restaient.

À la fin, un silence complet envahit la salle, puis la foule entière se leva pour applaudir. Ce fut comme un tonnerre à travers la salle. On voulait faire sentir à Perlman combien on avait apprécié ce qu'il avait fait.

Il sourit, essuya la sueur de son front, leva son archet pour faire taire la foule en délire et sur un ton pensif et révérencieux, il dit : « Vous savez, l'artiste doit parfois découvrir combien de musique il peut encore faire avec ce qui lui reste. »

Quelle phrase puissante que celle-ci. Peut-être s'adresse-t-elle à chacun de nous dans le monde chancelant, déconcertant et changeant dans lequel nous vivons. Peut-être est-ce notre devoir de « faire de la musique » d'abord avec tout ce que nous avons, puis, lorsque cela n'est plus possible, de faire de la musique avec ce qui nous reste.

– Mai 2001 –

# Une belle histoire vraie

Lors d'un dîner bénéfice pour une école desservant des enfants déficients, le père d'un des élèves prononça un discours qu'aucune personne dans la salle n'est près d'oublier.

Après avoir remercié l'école et son personnel exceptionnel, il posa la question suivante : « On dit que tout ce que Dieu fait est parfait. Cependant, mon fils Robert ne peut pas apprendre comme les autres enfants le font. Il ne comprend pas tout ce que les autres comprennent. Quel est le plan de Dieu en mon fils? »

L'auditoire demeura silencieux et le père continua : « Je crois que lorsqu'un enfant comme Robert vient au monde, l'occasion de rendre le plan de Dieu manifeste réside dans la manière d'agir envers cet enfant. »

Puis, il raconta l'historie suivante :

Robert et son père se promenaient près d'un parc où des garçons que Robert connaissaient jouaient au base-ball. Robert demanda à son père s'il croyait qu'ils le laisseraient jouer.

Le père savait bien que la plupart des garçons ne voudraient pas de Robert dans leur équipe. Il savait aussi que si son fils pouvait jouer, cela lui donnerait un sens d'appartenance. Le père s'approcha d'un des garçons et lui demanda si Robert pouvait jouer. Le garçon regarda les membres de son équipe pour savoir quoi faire. N'ayant aucun soutien des autres, il prit l'affaire en mains et leur dit : « Nous perdons par six points et nous sommes à la huitième manche. Je pense qu'il peut faire partie de notre équipe et nous le laisserons frapper à la neuvième manche.

» Au début de la huitième manche, l'équipe de Robert gagna quelques points, mais elle tirait encore de l'arrière par trois marques. À la neuvième manche, Robert enfila un gant et joua au champ. Même si aucune balle ne venait vers lui, il était très heureux de faire partie de l'équipe. Son sourire s'étendait d'une oreille à l'autre quand son père lui envoyait la main à partir des estrades. Au début de la neuvième manche, l'équipe de Robert marqua encore un point. Puis, avec deux hors-jeu et les buts remplis, une victoire devenait possible. Robert était le prochain aller au bâton.

L'équipe le laisserait-il frapper à ce moment critique et perdre la chance de gagner la partie?

Surprise, on donna la bâton à Robert. Tout le monde savait qu'un coup sûr était impossible, car Robert ne savait même pas comment tenir le bâton, encore moins, comment entrer en contact avec la balle.

Cependant, lorsque Robert prit sa place, le lanceur de l'équipe adverse s'avança de quelques pas et lança la balle délicatement pour permettre à Robert d'au moins toucher la balle.

À l'arrivée de cette première balle, Robert se tourna maladroitement pour frapper la balle, mais la manqua. Le lanceur s'avança encore de quelques pas et lança délicatement la balle, de nouveau. Cette fois, Robert frappa la balle, qui roula lentement vers le lanceur. En prenant la balle, le lanceur aurait facilement pu la lancer au premier but. Robert aurait été mis hors jeu et la partie aurait été terminée. Cependant, le lanceur lança la balle en hauteur vers le champ droit, bien loin derrière le premier but.

Les spectateurs se sont alors mis à crier à Robert de courir au premier but. Robert n'avait jamais de sa vie atteint le premier but. Il y arriva cette fois, l'air émerveillé. L'assistance continuait de crier : « File au deuxième but. »

Au moment où Robert quitta le premier but, le champ droit avait la balle en main et aurait pu la lancer aisément au deuxième but pour un hors-jeu. Mais le champ droit avait compris les intentions du lanceur et il lança la balle très haut et loin, au dessus du troisième but. Robert se précipita vers le deuxième but alors que les coureurs devant lui contournaient joyeusement les buts vers la base de départ.

Lorsque Robert eut atteint le deuxième but, un joueur de l'équipe opposée le tourna en direction du troisième but et lui cria : « Cours vers le troisième but. » Puis, quand Robert eut atteint le troisième but, les garçons des deux équipe se mirent à crier : « Robert, va vite à la base de départ. » Ce que fit Robert, qui fut applaudi en héros pour son « grand chelem » et pour la victoire de son équipe.

« Ce jour là, » dit le père, « les larmes coulant doucement sur son visage, les garçons des deux équipes ont contribué au plan divin dans le monde. »

– Mars 2003 –

# Examens scolaires douteux

Les réponses suivantes ont été glanées dans des examens d'élèves de 15 à 16 ans, en 2001.

Ne riez pas trop – l'un d'eux pourrait, un jour, devenir président des États-Unis.

Q. Nommez les quatre saisons
R. Le sel, le poivre, la moutarde et le vinaigre

Q. Expliquez l'un des procédés par lequel l'eau polluée est rendue bonne à boire.
R. La flirtation rend l'eau bonne à boire parce qu'elle enlève les grands polluants tels que la saleté, le sable, les brebis mortes et les canotiers.

Q. Comment la rosée se forme-t-elle?
R. Le soleil luit sur les feuilles et les fait transpirer.

Q. Qu'est-ce qu'une planète?
R. Un corps de terre entouré de ciel.

Q. Quelle est la cause des marées de l'océan?
R. Les marées sont une bataille entre la terre et la lune. L'eau a tendance à couler vers la lune parce qu'il n'y a pas d'eau sur la lune, et la nature a horreur de vacuums. J'ai oublié où se situe le soleil dans cette bataille!

Q. Que sont les stéroïdes?
R. Des choses pour tenir les tapis dans les escaliers.

Q. Qu'arrive-t-il à votre corps lorsqu'il vieillit?
R. Lorsqu'on vieillit, l'intestin vieillit aussi et devient inter-continental.

Q. Qu'arrive-t-il à un garçon lorsqu'il atteint la puberté?
R. Il dit adieu à son enfance et regarde devant vers son adultère.

Q. Nommez une maladie grave associée à la cigarette.
R. La mort prématurée.

Q. Comment peut-on empêcher le lait de tourner?
R. Le garder dans la vache.

Q. Comment les parties du corps sont-elles catégorisées? (ex. abdomen,)
R. Le corps consiste en trois parties – le cerveaunium, le borax et la cavité abdominale : le cerveaunium contient le cerveau, le borax contient le cœur et les poumons, et la cavité abdominale contient les cinq voyelles.

Q. Qu'est-ce que le péroné?
R. Un petit mensonge.

Q. Que veut dire le mot « varice » ?
R. Près

Q. Qu'est-ce qu'une crise ou une attaque?
R. Un empereur romain.

Q. Qu'est-ce qu'une maladie terminale?
R. C'est quand on est malade à l'aéroport.

Q. Quelle est la principale caractéristique d'un champignon?
R. Il pousse toujours dans un endroit humide pour pouvoir avoir l'air d'un parapluie.

Q. Qu'est-ce qu'une turbine?
R. Quelque chose que les arabes portent sur la tête.

Q. Qu'est-ce que qu'un hindou?
R. Il pond des œufs.

– Mai 2003 –

# Les secrets
# de l'ADN

L e décryptage du génome humain a créé des surprises
étonnantes dans le monde scientifique. Le Webencyclo
en a fait un dossier récemment. Un article de Patrick
Pasques, écrivain scientifique, a quelque peu vulgarisé cet
incroyable phénomène.

La structure double hélice de l'ADN contient, entre
autres, des « plans », protéines dont la cellule a besoin pour
se développer, survivre et accomplir son rôle dans l'organisme. Les plans sont exprimés dans un langage dont la clé
est le code génétique. Ce code associe à chaque triplet de
base un brin d'ADN, un acide aminé (élément de base des
protéines). La succession des bases, c'est-à-dire d'un gène,
détermine la succession des acides aminés qui correspond
à cette portion d'ADN.

Ces « plans » de protéines, ces gènes, sont localisés le
long de la double hélice. On estime que les chromosomes
de l'homme contiennent entre 30 000 et 100 000 gènes.
Toutefois, l'ensemble de ces gènes ne représente que 10 %
du total des chromosomes de l'ADN, tandis que le rôle des
autres 90 % demeure assez flou.

L'étude de l'ADN ainsi que les techniques de pointe de
la biologie ne sont plus confinée aux laboratoires. Elles
trouvent de plus en plus d'applications pratiques, en
médecine, en pharmacie et dans l'agroalimentaire Elles
sont aussi utilisées dans les travaux de la police et de la justice ou, encore, de manière plus inattendue, en histoire.

En médecine, la thérapie génique commence, semble-
t-il, à porter ses premiers fruits. Des enfants victimes d'une

maladie génétique rare et fatale et provoquant un très grave déficit immunitaire, ont été soignés avec succès en remplaçant le gène défectueux par un autre gène. Cette manipulation a permis aux défenses immunitaires de ces enfants de se développer normalement. De nombreuses maladies génétiques (myopathie et autres, cancer, sida), font présentement l'objet de recherches ou d'essais en thérapie génique.

L'empreinte génétique représente la version moderne des empreintes digitales, mode d'identification mis au service des enquêteurs par le Français Alphonse Bertillon en 1901. La technique de l'empreinte génétique est un outil d'investigation particulièrement puissant et fiable. Chacun de nous possède un patrimoine génétique qui lui est propre, matérialisé par l'ADN de nos chromosomes. Il est donc quasiment impossible de rencontrer deux individus ayant le même ADN, même s'ils sont des jumeaux identiques. La même empreinte génétique peut être obtenue à partir d'éléments très divers, dès lors qu'ils contiennent quelques cellules avec leur noyau et leur ADN : cheveux, poils, sang, sperme, urine, cellules muqueuses de la bouche laissées sur un magot de cigarette, etc.

Le coût de cette technique est encore très élevé, mais elle a déjà servi à innocenter des condamnés à mort.

En fait, l'utilisation la plus courante de l'empreinte génétique, et la première historiquement, est la recherche de la paternité. La première affaire de ce genre a été résolue en Grande-Bretagne. En France, la plus célèbre recherche de paternité concernait le chanteur et comédien Yves Montand, dont on a même exhumé le corps afin d'effectuer le test.

En histoire, on a pu déterminer que l'enfant mort à la prison du Temple, en France, le 12 juin 1795, était bien le fils de la reine Marie-Antoinette et de Louis XVI. Un test d'empreintes génétiques comparant des cellules du cœur de l'enfant (conservé à la basilique Saint-Denis après un périple incroyable aux moult rebondissements) et celles des cheveux de sa mère, l'a définitivement établi.

Le mystère n'existe donc plus : le jeune Louis XVII n'a pas été libéré, pas plus qu'il n'a réussi à s'échapper comme le prétendaient des royalistes, en particulier la centaine d'usurpateurs d'identité qui ont prétendu être ce fameux Louis XVII ou l'un de ses descendants.

La connaissance plus approfondie de notre génome aura certainement des répercussions dans le domaine de la procréation. Il existe déjà quelques tests prénataux pour déterminer si un foetus est porteur d'une anomalie génétique ou chromosomique. Dans la majorité des cas où le résultat est positif, les couples procèdent à un avortement thérapeutique.

Il y aura certainement, dans un avenir assez rapproché, des tests fiables pour des maladies génétiques. Cela posera un sérieux problème d'éthique. Que ferons-nous, si nous avons cette information?

Pour la procréation médicalement assistée, sera-t-il possible de conserver seulement les embryons montrant les meilleures prédispositions génétiques? Une telle question, qui tenait à la science-fiction il y a quelques années, est maintenant réalité.

Les tests géniques, l'analyse fine de notre ADN risquent d'avoir des répercussions sociales et économiques et il faudra une législation rigoureuse pour contrôler des attitudes discriminatoires dans le monde du travail. On exige déjà, dans certaines entreprises, des bilans médicaux poussés. Pourront-elles exiger des tests génétiques lorsque ceux-ci seront disponibles?

– Mai 2002 –

# Vérités apprises avant 30 ans

**S**i vous avez l'esprit trop ouvert, votre cerveau pourrait s'échapper.

Ne vous préoccupez pas de ce que pensent les gens, ils ne le font pas très souvent.

Aller à l'église ne fait pas de vous un chrétien; pas plus que de vous tenir dans un garage fait de vous une automobile.

L'intelligence artificielle ne trouve pas son égal dans la stupidité naturelle.

Mon idée du ménage est de balayer la pièce du regard.

Il n'y a aucune évidence à l'effet que la vie doit être sérieuse.

Il est plus facile de se faire pardonner que de demander la permission.

Pour chaque action, il y un programme gouvernemental égal et opposé.

Si vous ressemblez à votre photo de passeport, vous avez besoin de ce voyage.

Les factures voyagent par la poste deux fois plus vite que les chèques.

La conscience est ce qui fait mal lorsque tout le reste se sent tellement bien.

Mangez bien, gardez-vous en forme, mourrez quand même.

Les hommes proviennent de la terre, les femmes aussi. Acceptez-le.

On arrive à l'âge moyen lorsque la largeur de l'esprit et la minceur de la taille changent de places.

Les choses inutiles sont celles que vous avez conservées pendant des années et que vous jetez trois semaines avant d'en avoir besoin.

Il y a toujours un imbécile de plus que vous ne pensiez.

L'expérience est une bonne chose. Elle vous permet de reconnaître une erreur lorsque vous la faites de nouveau.

Quand vous pouvez enfin joindre les deux bouts, on déplace les bouts.

Si vous devez choisir entre deux maux, choisissez celui que vous n'avez pas encore essayé.

– Juin 2003 –

# L'histoire la plus
# drôle au monde

Le « Laughlab » créé par Richard Wiseman de l'université d'Hertfordshire, en Angleterre, est, selon lui, l'étude la plus approfondie jamais faite sur la psychologie de l'humour. Depuis ses débuts en septembre dernier, ce site internet a accumulé plus de 10 000 histoires drôles et obtenu les évaluations de 100 000 personnes dans 70 pays.

L'histoire suivante a reçu le plus grand nombre de votes de la part de 47 pour cent des participants :

Sherlock Holmes et le Dr Watson font du camping. Ils montent leur tente sous les étoiles et s'endorment. Durant la nuit, Holmes réveille Watson : « Watson, regarde les étoiles et dis-moi ce que tu en déduis?

Watson répond : « Je vois des millions d'étoiles et si seulement quelques-unes d'entre elles sont des planètes, il est possible qu'il y ait des planètes comme la terre, et s'il y a des planètes comme la terre, là- haut, il pourrait aussi y avoir de la vie. »

Holmes de répondre : « Watson, tu es stupide, quelqu'un a volé notre tente. »

* * *

L'histoire suivante est arrivée bonne deuxième :

Deux chasseurs marchent dans les bois lorsque l'un d'entre eux tombe par terre. Il ne semble pas respirer et il a les yeux déroulés dans la tête.

L'autre chasseur sort son téléphone portable et appelle 911. Il crie à la téléphoniste : « Mon ami est mort! Que

puis-je faire ?» La téléphoniste lui dit d'une voix douce :
« Restez calme, assurez-vous d'abord qu'il est bien mort .»
Il y a un silence, puis on entend un coup de feu.
La voix de l'homme revient sur la ligne et dit : « C'est
fait, maintenant qu'est-ce que je fais ?»

\* \* \*

Selon le magazine *Lancet,* des études récentes démontrent que, blague à part, le rire peut décontracter nos
muscles. Des chercheurs ont étudié les effets du rire sur le
tonus musculaire en examinant l'activité d'un simple passage neurologique appelé « réflexe H », qui cause une
contraction dans l'un des muscles du mollet quand on
stimule électriquement un nerf de la région du tibia.

Lorsque quatre volontaires se sont mis à rire tout haut,
à la suite de blagues ou d'images drôles, ce réflexe dis-
paraissait presque totalement et la contraction musculaire
en réponse à la stimulation baissait de manière très importante. Le sourire n'avait cependant pas de tel effet. Les
chercheurs ne savent pas vraiment pourquoi cela se produit, mais ils soupçonnent que d'autres émotions fortes
telles que la peur ou la colère pourraient elles aussi causer
des changements dans les circuits nerveux et affaiblir les
muscles.

C'est donc dire que les émotions ont une grande in-
fluence sur le corps et que l'énergie des émotions est
fortement liée à la physiologie.

\* \* \*

Et, pour le mot de la fin :
Une blonde qui venait de sortir d'un magasin a de la difficulté à retrouver sa voiture dans la tempête de neige. Elle
s'installe au volant tandis que le vent souffle terriblement et
qu'on ne voit ni ciel ni terre. Elle aperçoit soudainement
une énorme déneigeuse et elle se rappelle que son papa lui
a toujours dit qu'il était sage de suivre un tel véhicule dans
une mauvaise tempête. Elle se place donc derrière en se
disant qu'elle a de la chance de pouvoir être guidée par les

gros feux rouges à l'arrière de la déneigeuse. Elle continue ainsi pendant une demi-heure, suivant docilement le gros véhicule qui vire à gauche, puis à droite, puis qui va tout droit avant de faire encore un autre virage. Elle se sent en sécurité à suivre le conseil de son papa. Puis, soudainement, la déneigeuse s'arrête, le chauffeur descend, vient vers la blonde et lui dit : « Je ne sais pas où vous allez; quant à moi, j'ai terminé le déneigement du stationnement de K-Mart et je vais maintenant chez Wal-Mart. »

* * *

L'histoire vraie qui suit est tirée du livre intitulé *Disorder in Court*, qui raconte mot à mot des choses dites lors de procès.

Q : Docteur, avant de faire l'autopsie, avez-vous vérifié le pouls?

R : Non.

Q : Avez-vous vérifié la pression sanguine?

R : Non

Q : Avez-vous vérifié la respiration?

R : Non.

Q : Donc, est-il possible que le patient ait été vivant lorsque vous avez commencé l'autopsie?

R : Non

Q : Comment pouvez-vous en être certain, docteur?

R : Parce que son cerveau était dans un bocal sur mon pupitre.

Q : Mais, le patient pouvait-il quand même être vivant?

R : Oui. Il est possible qu'il soit vivant et qu'il pratique le droit quelque part.

– Janvier 2002 –

# La terre est en péril

Le prochain sommet mondial sur le développement durable aura lieu à Johannesburg, du 26 août au 4 septembre prochain. Cet événement rassemblera le plus grand nombre de chefs d'État et de gouvernement jamais réunis depuis dix ans ainsi que plus de 60 000 participants de 180 pays. Ces délégués devront répondre aux questions extrêmement graves qui concernent l'humanité entière : Comment conserver l'environnement? Comment éradiquer la pauvreté? Comment sauver la planète?

Car la Terre se porte très mal. Pourtant, on avait diagnostiqué ses maux il y a dix ans, à la conférence de Rio, le premier Sommet de la Terre : le climat se réchauffe, l'eau douce s'épuise à un rythme alarmant, les forêts disparaissent, de nombreuses espèces vivantes sont en voie d'extinction, la pauvreté totale est le sort de plus d'un milliard d'êtres humains.

Les chefs du monde avaient alors admis que « la cause principale de la dégradation continue de l'environnement mondial est la consommation et la production non viables, notamment dans les pays industrialisés, ce qui est extrêmement préoccupant dans la mesure où cet état de fait aggrave la pauvreté et les déséquilibres ». Ils avaient alors adopté deux conventions décisives sur les changements climatiques et la biodiversité ainsi qu'un plan pour généraliser le développement durable.

Ce développement durable repose sur une idée simple : le développement est durable si les générations futures héritent d'un environnement dont la qualité est au moins égale à celle qu'ont reçue les générations précédentes. Cela suppose l'application d'un principe de précaution pour une approche de prévention plutôt que de réparation; de la solidarité entre les générations et entre tous les peuples de la terre ainsi que la participation de l'ensemble des acteurs sociaux aux décisions.

Dix ans plus tard, les choses ne se sont pas améliorées dans de nombreux domaines. Au contraire, avec la mondialisation, le «schéma de consommation et de production non viable » s'est accentué. Les inégalités ont atteint des niveaux jamais connus. Selon *Le Monde diplomatique*, **la fortune des trois individus les plus riches du monde dépasse la richesse cumulée des habitants de 48 des pays les plus pauvres (parlant de déséquilibre!).** Les dommages écologiques issus du monde riche ont aussi augmenté. Les 30 pays les plus développés représentent 20 % de la population mondiale et ils consomment 85 % des produits chimiques synthétiques, 80 % de l'énergie non renouvelable et 40 % de l'eau douce. Leurs émissions de gaz à effet de serre par habitant comparées à celles des pays du Sud sont dix fois plus élevées.

Durant la dernière décennie, les rejets de gaz carbonique, cause principale du réchauffement climatique, ont augmenté de 9 %. Ceux des États-Unis, le plus grand pollueur de la planète, ont augmenté de 18 % durant cette période. Plus d'un milliard de personnes ne disposent pas d'eau potable et près de trois milliards (la moitié de l'humanité) consomment une eau impropre. À cause de cette eau polluée, 30 000 personnes meurent chaque jour – ce qui est plus de dix fois le nombre de victimes des attentats du 11 septembre 2001 (et ce, quotidiennement!)

Les forêts continuent d'être détruites. Selon les chiffres publiés, 17 millions d'hectares disparaissent chaque année. Et comme les arbres ne sont plus là pour absorber le gaz carbonique, l'effet de serre et le réchauffement s'aggravent. Chaque année, 6 000 espèces animales disparaissent. On craint une extinction massive pour 13 % des oiseaux, 25 % des mammifères, 34 % des poissons donc, une extinction comme la Terre n'en a jamais connu depuis la disparition des dinosaures.

Pour toutes ces raisons, le monde espère beaucoup du Sommet de Johannesburg. Les conséquences pourraient être extrêmement graves si l'égoïsme des pays les plus riches et la loi du profit l'emportaient. Ce fut le cas à Bali, lors de la conférence préparatoire, qui s'est soldée par un échec.

Selon *Le Monde diplomatique*, « il est indispensable que les puissants de ce monde adoptent, à Johannesburg, au moins sept décisions capitales :

- un programme international en faveur des énergies renouvelables, centré sur l'accès à l'énergie dans les pays du Sud;
- des engagements en faveur de l'accès à l'eau et à son assainissement, car cette ressource vitale est un bien commun de l'humanité;
- des mesures pour protéger les forêts, comme l'a prévu la convention sur la biodiversité adoptée à Rio, en 1992;
- la mise en place d'un cadre juridique instituant la responsabilité écologique des entreprises, à partir du principe de précaution comme préalable à toute activité commerciale;
- la subordination des règles de l'Organisation mondiale du commerce aux principes des Nations unies sur la protection des écosystèmes et aux normes de l'Organisation internationale du travail;
- des règles exigeant que les pays développés s'engagent à consacrer un minimum de 0,7 % de leur richesse à l'aide publique au développement;
- des recommandations impératives en vue d'annuler la dette publique des pays pauvres.

En détruisant le monde naturel, les hommes ont rendu la Terre de moins en moins viable. Ce sommet doit inverser les tendances susceptibles de conduire à la catastrophe écologique. C'est le défi majeur de ce début de XXI^e siècle. Sinon, le genre humain lui-même sera menacé d'extinction. »

On parle de ces problèmes et on cite des chiffres depuis des années, pouvons-nous espérer que les pays industrialisés entendent finalement raison, à commencer par les États-Unis, la plus grande puissance mondiale (et la seule puissance) qui a refusé d'adopter le protocole de Kyoto parce que « cela nuirait à l'économie ». Ils ont voté des sommes extraordinaires pour la guerre, pourquoi ne pas se servir d'une partie de cette somme vouée à la destruction et à la vengeance pour aider les industries à se conformer aux normes qui aideraient à sauver la planète Il est clair que si les U.S.A. agissaient en leader éclairé, de nombreuses autres nations emboîteraient le pas et la Terre pourrait espérer guérir.

– Août 2002 –

# Les animaux qui nous entourent

Il est six heures du matin, il faut beau et chaud même si l'été tire rapidement à sa fin et que les jours raccourcissent à vue d'œil. Je sors sur la terrasse, café en main et il me semble voir un mouvement derrière les arbres. Je regarde attentivement, mais plus rien. Soudain, je vois une mère chevreuil traverser le terrain, un petit à ses trousses. Ils s'arrêtent à la rivière pour boire longuement, puis ils traversent l'eau et remontent de l'autre côté vers un boisé. Quelle beauté que cette scène de vie paisible. Je suis heureuse d'avoir pu observer sans déranger.

Et je pense à combien un tableau semblable est différent de ce que je voyais au centre-ville de Montréal avant de venir vivre à la campagne. C'est un heureux changement.

Environ trois heures plus tard, j'entends un grand bruit, je me précipite à l'extérieur de la maison et je cours vers la rivière. Là, une bande de canards – probablement des adolescents, nagent en formation à vive allure. Ils parcourent ainsi une bonne distance, mais s'arrêtent brusquement et rebroussent chemin pour aller en sens inverse. Ils me font penser à un hydravion sur la surface de l'eau. Puis, ils lèvent et volent à basse altitude pour ensuite revenir.

J'ai déjà observé ce phénomène, particulièrement il y a deux ou trois ans, alors qu'ils venaient « répéter » tous les jours, à peu près à la même heure, durant environ dix à quinze jours, il me semble.

Je suis contente de revoir ce spectacle. Il s'agit certainement de jeunes canards s'exerçant pour leur grand départ de l'automne. Mon chat Oscar observe lui aussi, tranquille près de moi, et notre présence ne semble pas déranger les canards qui, à la fin de la « répétition », s'amusent à jouer dans l'eau.

Plus tard, toujours le même jour, j'entends un grand bruit dans une des larges vitres de la maison et je sais qu'il s'agit d'un oiseau qui a frappé le verre qu'il n'a pas vu. Oscar aussi sait qu'il s'agit d'un oiseau. Je le devance pour rejoindre l'oiseau qui crie de douleur, étendu sur la terrasse. Il s'évanouit. Je le prends dans mes mains et je le caresse doucement du doigt pour voir s'il va revenir à lui ou s'il est trop blessé – un cou brisé – et qu'il va mourir. Oscar n'est pas content. Il pense que ce devrait être son oiseau, sa proie, son repas.

Je cajole ainsi doucement l'oiseau tout en le tournant de tous côtés pour bien l'observer. Il est assez gros, sa crête est échevelée, son dos est gris bleuté et sa poitrine blanche est garnie d'une bande grise et d'une bande rousse plus ou moins égales.

Il ouvre les yeux, observe le mouvement doux de mon doigt et ne s'affole pas. Il regarde autour et paraît bien portant. J'essaie de l'installer sur le dessus de la haie de cèdres, mais il semble préférer rester dans mes mains. Peut-être ne peut-il plus voler.

Je continue donc de le tenir tout en marchant de long en large sur le terrain. Il tourne la tête pour mieux me voir ou pour voir tout autour, mais ne fais aucun mouvement du corps ou des ailes pour s'envoler. Que faire? Je ne peux pas marcher ainsi indéfiniment.

Après de longues minutes, j'ouvre un peu les mains et j'essaie de lui donner un petit élan pour son envol. Il reste. Je recommence en insistant un peu plus. Finalement, il s'envole de manière incertaine et j'espère qu'il ne tombera pas. Mais bientôt, il ouvre grand ses ailes et monte en s'éloignant. Il s'agissait d'une femelle martin-pêcheur. Quel bonheur de la voir ainsi libre dans son élément comme si rien ne lui était arrivé.

– Septembre 2000 –

# L'esprit de Noël est toujours vivant

Un vieil ami raconte l'histoire suivante :

Je me rappelle ma première expérience de Noël avec ma grand-mère. Je me souviens de m'être rendu à la course chez ma grand-mère après que ma sœur eut lancé la bombe : « Il n'y a pas de père Noël, tout le monde sait cela. »

Je me suis sauvé chez ma grand-mère, car je savais qu'elle me dirait la vérité. Elle disait toujours la vérité, et je savais que la vérité serait plus facile à avaler en mangeant les meilleurs biscuits du monde, qu'elle faisait.

Grand-maman était à la maison et les biscuits étaient encore chauds. Entre deux bouchées, je lui ai tout dit. « Pas de père Noël, c'est ridicule! Ne le crois pas. La rumeur court depuis des années. Mets ton manteau, nous allons voir. »

Nous sommes allés au seul magasin du village. Un magasin général où l'on trouvait de tout. En entrant, ma grand-mère m'a remis un billet de dix dollars. C'était énorme pour cette époque.

« Prends cet argent, me dit-elle, et achète quelque chose pour quelqu'un qui en a besoin. Je t'attendrai dans la voiture. » Elle sortit aussitôt.

Je n'avais que sept ans. J'étais souvent allé magasiner avec ma mère mais je n'avais jamais rien acheté par moi-même. Le magasin était plein à craquer de monde qui faisait des emplettes pour Noël.

D'abord, je restais en place, confus, en serrant le billet de dix dollars. Je me demandais quoi acheter et pour qui.

Je passais en revue ma famille, les voisins, les enfants à l'école, ceux qui allaient à l'église. Soudainement, Robert Boisvert me vint à l'esprit. Il était assis juste derrière moi dans la classe de 2e année. Robert n'avait pas de manteau. En hiver, il ne pouvait pas sortir pour la récréation. Sa mère écrivait une note précisant que Robert avait le rhume, mais je savais qu'il n'avait pas le rhume : il n'avait pas de manteau.

Je roulais le billet de dix dollars dans ma main en pensant à ce que j'allais faire. J'étais très excité, j'allais acheter un manteau à Robert.

Je choisis un beau manteau en velours cordé rouge avec un capuchon pour la tête. Il semblait très chaud, Robert l'aimerait.

La dame derrière le comptoir me demanda si c'était un cadeau pour quelqu'un.

« Oui, répondis-je, c'est pour Robert. » La belle dame me sourit. Elle ne me rendit aucun argent, mais elle mit le manteau dans un grand sac en me souhaitant un joyeux Noël.

Le soir même, ma grand-mère m'aida à emballer le manteau dans du beau papier de Noël avec du ruban (Une petite étiquette tomba du manteau. Grand-mère la glissa dans sa bible). Elle m'aida à écrire : « à Robert, du Père Noël » sur le paquet.

Grand-maman me dit que le père Noël exige le secret. Puis, en me conduisant à la maison de Robert, elle me dit que j'étais désormais officiellement, un aide du père Noël.

Elle arrêta la voiture un peu plus loin que la maison de Robert. Nous nous rendîmes à pied en nous cachant dans les arbustes près de l'entrée de la maison. Puis, Grand maman me fit signe: « d'accord, père Noël », me dit-elle à voix basse, « vas-y ».

Je me rendis en vitesse à la porte en lançant le paquet à l'entrée tout en poussant la sonnette, puis je suis retourné en courant rejoindre grand-maman derrière les arbustes.

La tension était grande en attendant qu'on ouvre. Finalement, Robert était là!

Cinquante ans n'ont pas effacé la grande joie de cette soirée où j'étais accroupi dans les buissons à côté de grand-maman. Ce soir là, j'ai compris que les mauvaises rumeurs au sujet du père Noël sont, comme le disait ma grand-mère, ridicules!

Le père Noël existe, et nous faisons partie de son équipe.

J'ai gardé la bible de ma grand-mère avec l'étiquette du manteau, entre deux pages : 19,95 $. C'est vrai, l'esprit de Noël fait des miracles.

– Décembre 2003 –

# Le monde n'est plus comme avant

Dans le numéro de décembre du *Monde diplomatique*, Ignacio Ramonet présente un article sur le nouveau visage du monde après les événements du 11 septembre.

Il parle d'une nouvelle période historique qu'il compare à celle qui a suivi la chute du mur de Berlin, en novembre 1989.

Tout a commencé le 11 septembre par la découverte d'une nouvelle arme : un avion de ligne, rempli d'humains et de carburant, transformé en missile de destruction. Cette monstrueuse bombe frappe les États-Unis à plusieurs endroits en même temps. Le monde entier est ébranlé et les politiciens s'entendent pour dire que le monde ne sera plus jamais pareil.

Ce n'est plus comme avant, selon monsieur Ramonet, d'abord par la perception même du terrorisme. On parle d' « hyperterrorisme », car un seuil impensable a été franchi. L'acte a été tellement monstrueux qu'il ne ressemble à rien de connu. On ne sait pas comment nommer cette violence extrême: attentat, attaque ou acte de guerre? Quoi qu'il en soit, on ne pourra pas revenir en arrière et chacun sait que les crimes du 11 septembre se reproduiront, ailleurs peut-être et dans des circonstances différentes, mais ils se reproduiront. L'histoire des conflits enseigne que, lorsqu'une arme nouvelle apparaît, aussi monstrueux qu'en soient les effets, elle est toujours réemployée. L'espace manque ici pour faire un historique détaillé; il suffit de dire – à titre d'exemple – que 56 ans après Hiroshima, la terreur nucléaire est toujours une crainte très réelle.

« Si l'ennemi n'avait voulu que la destruction, il aurait plutôt visé des centrales nucléaires ou des barrages et aurait causé des dévastations d'envergure apocalyptique, qui auraient entraîné la mort de dizaines de milliers de personnes ».

Il a cherché à produire trois types d'effets : « des dégâts matériels, un impact symbolique (en offensant et dégradant des signes de la grandeur des États-Unis) et un grand choc médiatique (une sorte de coup d'État télévisuel pour Oussama Ben Laden). Celui-ci a pris le contrôle de l'administration américaine, de tous les écrans de télévision des États-Unis et du monde entier. Il a donc montré au monde la vulnérabilité américaine, exhibé au sein des foyers sa propre puissance maléfique. On a vu à l'écran, sur fond de caverne afghane, un homme au regard étrangement doux et, du jour au lendemain, cette image a fait de cet homme largement inconnu à la veille du 11 septembre, la personne la plus célèbre du monde. Il a eu accès à tous les écrans du monde et il a pu délivrer son message planétaire. Il est donc apparu comme un héros à des millions de personnes surtout dans le monde musulman et même comme un messie « celui qui, désigné et envoyé par Dieu, vient délivrer l'humanité du mal ».

Le monde comprend qu'il s'agit ici d'un terrorisme global quant à son organisation et ses objectifs. Il ne revendique rien de précis, ni l'indépendance d'un territoire, ni des concessions politiques concrètes, ni l'instauration d'un type particulier de régime. L'agression du 11 septembre n'a même pas été officiellement revendiquée. Cette nouvelle forme de terreur se manifeste comme une sorte de châtiment ou de punition contre un « comportement général » sans plus de précision, des États-Unis et des pays occidentaux.

L'article du *Monde diplomatique* fait aussi état de la guerre actuelle et de la solidarité des pays occidentaux dans leur appui aux États-Unis après la demande de George W.

Bush, qui a clairement déclaré : « Qui n'est pas avec nous est avec les terroristes. » Depuis, cette coalition obéit aux ordres de Washington, non seulement dans le domaine militaire, mais aussi dans celui du renseignement. « Plus de 50 pays ont placé leurs services aux ordres de la CIA et du FBI. Ainsi, plus de 360 suspects ont été arrêtés et accusés d'avoir des liens avec le réseau Al-Qaida et M. Ben Laden. »

Les États-Unis, qui étaient la seule hyperpuissance depuis la disparition de l'Union soviétique, en 1991, ont vu leur suprématie devenir « écrasante » alors que Moscou s'est joint aux autres pays. Il est clair, selon *Le Monde diplomatique*, qu'aucune autre coalition ne pourra faire contrepoids aux Etats-Unis, car « leur domination militaire est désormais absolue ». Celui qui est contre les États-Unis se retrouvera seul face à eux, sans allié, et s'exposera à être bombardé. La liste des prochaines cibles est annoncée dans les journaux américains : Irak, Iran, Syrie, Yémen, Soudan, Corée du Nord.

On veut établir un dispositif global de sécurité. Avec le ralliement de la Russie, l'entrée de la Chine dans l'Organisation mondiale du commerce et le prétexte de la lutte mondiale contre le terrorisme, qui permet de réduire partout les libertés et le périmètre de la démocratie (même au Canada), les conditions semblent réunies pour mettre rapidement en place ce dispositif de sécurité, qui sera probablement confié à la nouvelle OTAN.

« Mais, d'autres voix se font entendre dans le monde qui rendent la mondialisation libérale responsable en partie des événements du 11 septembre. Elle a aggravé les injustices, les inégalités et la pauvreté à l'échelle planétaire et ainsi, elle a renforcé le désespoir et la rancœur de millions de personnes désormais prêtes à se révolter ou à se rallier aux groupes islamistes radicaux qui font appel à la violence extrême. »

– Décembre 2001 –

# Le Coca Cola

J'ai reçu par courriel un document sur le Coca Cola. Je n'ai évidemment pas vérifié toutes les déclarations qui suivent, mais elles portent à la réflexion.

Dans plusieurs États américains, les patrouilleurs des autoroutes transportent deux gallons de Coke pour enlever le sang du pavé, à la suite d'un accident.

On peut placer un steak dans un bol de Coke et le voir disparaître en deux jours.

Pour nettoyer une toilette: verser une canette de Coke dans la cuvette, laisser agir durant une heure, puis chasser le tout et la cuvette sera propre. L'acide citrique dans le Coke enlève aussi les taches de la porcelaine vitrée.

Pour enlever les taches de rouille du pare-chocs de l'auto (en chrome), frotter en utilisant du papier aluminium trempé dans du Coca Cola.

Pour éliminer la corrosion aux bornes de la batterie de l'auto: verser une canette de Coca Cola sur celles-ci et la corrosion disparaîtra en formant de bulles.

Pour dégager un boulon rouillé: placer un linge imbibé de Coca Cola sur le boulon pendant quelques minutes.

Pour un jambon bien tendre: verser une canette de Coca Cola dans le plat de cuisson, envelopper le jambon dans du papier aluminium et cuire au four. Trente minutes avant la fin de la cuisson, enlever le papier aluminium pour permettre au gras fondu de se mélanger au Coke pour faire une sauce brune délicieuse.

Pour faire disparaître les taches de gras des vêtements, verser une canette de Coke dans la lessiveuse avec les vêtements graisseux, ajouter le détergent et faire un cycle régulier. Le Coke facilitera le détachage.

Le Coca Cola enlève aussi les salissures qui s'accumulent à la longue sur le pare-brise de la voiture.

L'ingrédient actif du Coke est l'acide phosphorique dont le pH est 2,8. Il peut dissoudre un ongle en quatre jours. Cet ingrédient peut aussi éliminer le calcium des os et est, semble-t-il, une cause majeure de l'augmentation de l'ostéoporose.

Lorsque les camions commerciaux transportent le sirop concentré du Coca Cola, ils doivent afficher les cartes réservées au transport de matériaux dangereux.

Les distributeurs de Coke s'en servent depuis vingt ans pour nettoyer le moteur de leurs camions.

Maintenant, voici la question : voulez-vous un verre d'eau ou de Coca Cola?

– Novembre 2001 –

# Qu'est-ce que l'amour?

Des professionnels ont posé la question suivante à des enfants de quatre à huit ans: Que veut dire l'amour? Les réponses ont été plus étendues et plus profondes que ce que les experts anticipaient.

L'amour est la première chose que l'on ressent, avant que le méchant arrive. *Charles, 5 ans*

Quand quelqu'un nous aime, la manière de dire notre nom est différent. On sait que notre nom est en sécurité dans leur bouche. *Alain, 4 ans*

L'amour, c'est quand la fille se met du parfum et le garçon se met de la lotion à barbe et qu'ils sortent ensemble pour se sentir. *Martin, 5 ans*

L'amour, c'est quand quelqu'un vous fait du mal et que vous êtes très fâché, mais que vous ne criez pas pour ne pas les faire pleurer. *Suzanne, 5 ans*

L'amour, c'est ce qui nous fait sourire même quand on est fatigué. *Tim, 4 ans*

L'amour, c'est quand maman fait du café pour papa et qu'elle y goûte avant de le donner à papa, pour s'assurer que ça goûte bon. *Dan, 7 ans*

L'amour, c'est ce qui est dans la maison à Noël quand on arrête d'ouvrir les cadeaux et qu'on écoute. *Bob, 5 ans*

Si vous voulez essayer d'aimer plus, il faut commencer par un ami que vous détestez. *Mika, 6 ans*

L'amour, c'est quand vous dites à un garçon que vous aimez sa chemise et qu'il la porte ensuite tous les jours. *Noëlla, 7 ans*

L'amour, c'est quand une vieille femme et un vieil homme sont encore amis, même quand ils se connaissent bien. *Tom, 6 ans*

Durant mon récital de piano, j'étais sur l'estrade et j'avais peur. J'ai regardé tout le monde qui me regardait et j'ai vu mon papa qui souriait et me faisait signe de la main. Il était le seul à faire cela et je n'avais plus peur. *Claire, 8 ans*

L'amour, c'est quand maman donne à papa le meilleur morceau de poulet. *Hélène, 5 ans*

L'amour, c'est quand mon chien me lèche le visage, même quand je l'ai laissé seul toute la journée. *Marie-Anne, 4 ans*

Les cartes de Saint-Valentin disent ce que vous n'osez pas dire. *Michel, 8 ans*

On ne doit pas dire "je t'aime" si cela n'est pas vrai. Mais si cela est vrai, on doit le dire beaucoup. Les gens oublient. *Jessica, 8 ans*

Et pour vous qu'est-ce que l'amour?

– Octobre 2001 –

# Le vol des oiseaux migrateurs

On croyait depuis longtemps que les oiseaux volaient en V pour permettre aux derniers de dépenser moins d'énergie. L'étude au centre de Chizé, en France, l'a démontré, mais contrairement à ce que l'on croyait, ce n'est pas parce que les oiseaux battent moins des ailes durant le vol en V. C'est plutôt parce que celui-ci permet aux oiseaux de planer plus longtemps. Et, ce qui est étonnant, plus un oiseau est lourd plus son vol est efficace.

La question que les ornithologues se posaient depuis très longtemps – pourquoi les canards, les oies, les grues, les pélicans et autres gros oiseaux volent-ils en V plutôt que de voler seuls? – a finalement été élucidée.

On pensait d'autre part que les oiseaux volaient ainsi pour faciliter la communication. En suivant un chef (qui change constamment lors d'un long voyage), ils évitaient les collisions. On croyait aussi que les oiseaux économisaient de l'énergie puisque ceux qui étaient à l'arrière profitaient des tourbillons provoqués par les ailes de ceux qui les précédaient – ce qui leur permettait de faire moins d'effort.

En filmant des oiseaux en plein vol, on s'est aperçu que les oiseaux gardent rarement une position, qu'ils bougent sans cesse, de dire Henri Weimerkirsch, ornithologue au centre de Chizé. « Le vol en V leur permet d'économiser environ 14 % d'énergie, même si leur position à l'intérieur du V est loin d'être fixe. » Spécialiste des oiseaux du continent antarctique, il avait été sollicité par des cinéastes pour le tournage d'une séquence du Peuple migrateur mettant en scène des pélicans du parc national de Djoudj, au Sénégal. Le biologiste qui avait appris que ces oiseaux étaient assez domestiqués et qu'ils volaient derrière des moteurs hors-bord a eu l'idée de comparer leurs pulsations cardiaques quand ils volent seuls ou en formation. Les pélicans ont été équipés d'enregistreurs miniatures et ont été soumis à des essais en pleine nature, sous la surveillance d'une caméra numérique.

Grâce aux données recueillies, on a pu démontrer que, aux positions arrière de la formation, les battements d'ailes étaient moins importants que dans le vol en solitaire ou le vol en tête d'un groupe, et l'économie d'énergie atteignait 14 %. En examinant bien les images du film, on a conclu que cette économie d'énergie n'était pas due au fait que les oiseaux faisaient moins d'efforts pour battre des ailes. En formation V, les oiseaux planent plus longtemps que lorsqu'ils volent seuls: deux ou trois secondes au lieu d'une demie seconde.

Henri Weimerkirsch et son équipe ont donc apporté une réponse claire à la vieille énigme ornithologique du vol en V. Ils ont de plus découvert que c'est en marchant et en pédalant dans l'eau que les pélicans dépensent le plus d'énergie. Leurs pulsations cardiaques sont alors supérieures à 180 par minute alors que leur rythme cardiaque au repos est de 60 pulsations.

Personne n'a cependant encore pu expliquer comment les oiseaux, dont plusieurs très petits, arrivent à parcourir des milliers de kilomètres sans s'arrêter, à traverser des mers et des continents sans s'égarer.

Par contre, on a découvert que plus ils mangent avant le départ, plus ils se font une réserve énergétique, plus ils sont lourds, plus leur vol est efficace, Ils dépensent alors moins d'énergie pour parcourir la même distance. Voilà qui est contraire à ce que l'on avait longtemps pensé.

– Novembre 2001 –

# L'esclavage très présent au XXIᵉ siècle

J'ai lu récemment un dossier bouleversant au sujet de l'esclavage dans le monde.

Selon l'Organisation internationale du travail, il y a entre 200 et 250 millions de personnes vivant en esclavage. Ces chiffres effrayants ne concernent pas une époque lointaine. Ce sont des données établies pour 2001.

Dans l'Antiquité, l'esclavage était courant et même institutionnalisé. Les guerres étaient aussi sources d'être humains conquis qui devenaient les esclaves des vainqueurs. Par exemple, Jules César a ramené un million de Celtes après la guerre des Gaules. Ils ont été astreints à la servitude, peu importe leur rang.

Puis il y a eu la longue et terrible histoire de la traite des Noirs. Les explorations des grandes puissances européennes leur a permis de conquérir de nouveaux territoires. Pour en exploiter les richesses, elles réduisaient en esclavage des populations africaines. Les esclaves noirs devenaient ainsi un élément clé du commerce triangulaire entre le vieux continent, l'Afrique et les colonies.

Les colons installés en Amérique du Sud ont soumis des populations indigènes au travail forcé. Mais ce travail et les conditions horribles de vie ont eu raison de la résistance des Amérindiens et la population autochtone a été décimée.

Les Indiens ont donc été remplacés par des esclaves « importés » d'Afrique, car les Noirs étaient durs à la tâche et résistants au climat tropical. Le trafic des esclaves était très profitable. Les pays tels la France, l'Angleterre, le Danemark et la Hollande se disputaient le monopole de cette traite qui représentait une mine d'or.

Ce système, qui a duré trois siècles, a permis d'accélérer la croissance économique des grandes puissances, enrichies du travail et du commerce des esclaves. Grâce à cette prospérité gagnée alors, elles sont encore aujourd'hui dans le clan des riches appelé « les pays industrialisés ». L'Afrique a, elle, perdu trois siècles de développement et une grande partie de sa population. Selon le journaliste Alain Desmarbaix, qui a rédigé ce dossier, près de 10 millions de Noirs ont été expédiés dans les colonies. Mais combien sont morts lors des razzias de chasseurs d'esclaves dans les villages, combien ont succombés dans les navires, par la maladie, la faim, et les mauvais traitements?

Il serait trop long de faire l'historique de la traite des Noirs, mais disons que l'esclavage a été aboli de façon définitive en 1946 seulement, lors de la déclaration universelle des droits de l'homme par l'ONU – bien que les États-Unis l'aient aboli officiellement en 1865.

Et aujourd'hui, en 2001, même dans des pays qui se réclament des droits de l'homme, on trouve des situations où l'être humain est asservi. Bien que l'esclavage soit officiellement proscrit, il persiste encore sous diverses formes en Asie, en Afrique et même en Europe.

L'asservissement pour dette est toujours en vigueur dans certaines régions d'Asie et d'Amérique latine. En Mauritanie, l'esclavage existe encore malgré plusieurs abolitions, dont la dernière en 1981. Dans le reste de l'Afrique, il prend souvent la forme d'une exploitation de travailleurs venus de pays voisins plus pauvres et utilisés dans des conditions de servitude. Dans les pays du Golfe, comme le Koweit, les Émirats arabes unis, l'Arabie saoudite, en Jordanie et même au Liban, il y a des dizaines de milliers de personnes (surtout de femmes) originaires de l'Asie du Sud-Est

(Philippines et Sri Lanka) qui servent de domestiques et vivent dans des conditions épouvantables, séquestrées et battues par des employeurs qui se considèrent comme leurs propriétaires. Il semble que cela se produit aussi en Europe. En mars 1996, la France découvre que l'esclavage existe encore à l'intérieur même de son territoire. Le cas d'une jeune Érythéenne séquestrée par son employeur est mis à jour. On apprend que ce n'est pas un cas isolé et le Comité contre l'esclavage fait état de dizaines de cas concernant des personnes originaires de pays en voie de développement, embauchées comme domestiques, mais réduites à l'esclavage et séquestrées. On estime qu'à travers l'Europe, il existe des dizaines de milliers de cas semblables de personnes vivant dans des conditions déplorables, sans salaire et sans papiers (qui ont été confisqués par les « employeurs »). Les captifs sont des femmes à 95 % et la plupart subissent des violences physiques aux mains de leurs tortionnaires, qui sont souvent leurs compatriotes. Il est à noter que 20 % de ces « employeurs » sont protégés par une immunité diplomatique.

Selon le Bureau international du travail, 250 millions d'enfants de 5 à 14 ans travaillent aujourd'hui dans le monde – et 50 à 60 millions d'entre eux dans des conditions dangereuses. En Inde, des enfants travaillent dans des fabriques de verre non aérées auprès de fournaises dont la température est près de 1 600°C. En Tanzanie, ils sont à l'œuvre 11 heures par jour dans des plantations. Dans des usines de tapis en Inde et au Pakistan, ils travaillent 20 heures par jour sept jours sur sept.

Souvent les enfants ne sont pas payés et subissent de mauvais traitements. Sur les 250 millions d'enfants ainsi asservis, un million sont utilisés dans le commerce du sexe. Ils sont en Afrique et en Amérique latine, mais deux millions sont en Europe, notamment en Allemagne, au Portugal et au Royaume-Uni. Et, selon l'organisation Human

Rights Watch, des dizaines de milliers de très jeunes adolescents, souvent originaires du Mexique ou de pays latins, travaillent dans des conditions affreuses aux États-Unis, dans des fermes des États du Sud.

Dans certaines régions du monde, des réseaux de trafic d'enfants se sont développés. Certains sont vendus comme domestiques, ou travaillent dans des plantations dans des conditions épouvantables ou sont vendus comme soldats à des chefs de guerre alors que d'autres sont contraints à se prostituer ou encore sont mis sur le marché de l'adoption destiné aux pays Occidentaux.

La communauté internationale s'est mobilisée pour essayer de mettre fin à l'exploitation des enfants. En 1999, les Nations unies ont adopté une Convention internationale des droits de l'enfant prévoyant l'élimination immédiate des pires formes d'esclavage des enfants. Même si cela n'est pas suffisant, cette initiative et bien d'autres ont permis de faire progresser un peu la condition des enfants dans le monde.

La Conférence mondiale contre le racisme, qui siégeait au début de septembre à Durban, en Afrique du Sud, a accordé beaucoup d'importance à l'esclavage. Les puissances européennes, qui se sont enrichies grâce à l'esclavage, ainsi que le Canada, l'Australie et la Nouvelle-Zélande, édifiés sur la dépossession des peuples indigènes sous le colonialisme, ont reconnu, pour la première fois, la traite des esclaves et l'esclavage comme des « crimes contre l'humanité, qui auraient toujours dû être considérés ainsi ». Dans sa déclaration finale, le 8 septembre, la Conférence a condamné le fait que l'esclavage et les pratiques semblables existent encore aujourd'hui dans certaines régions du monde et prie les États de prendre des mesures immédiates, de manière prioritaire, pour mettre fin à ces pratiques qui sont des violations flagrantes des droits de l'homme.

– Octobre 2001 –

# Le XXe siècle, un siècle de guerres

J'ai lu un dossier qui fait réfléchir. L'humanité ne semble pas avoir appris des siècles qui ont précédé le dernier, car les atrocités mondiales ont atteint un nouveau sommet durant le XXe siècle.

Ce fut le siècle des conflits mondiaux : de l'horreur atomique, de l'épuration ethnique et autres atrocités. Ce siècle de progrès scientifiques et d'avancées sociales et culturelles a aussi été celui de la barbarie à grande échelle.

On a vu la mondialisation des conflits dans la Première Guerre mondiale qui marqua la fin des empires. Elle éclata à la suite de l'assassinat, le 28 juin 1914, de l'archiduc François-Ferdinand, héritier du trône d'Autriche-Hongrie, à Sarajevo, en Bosnie. Vienne accuse la Serbie. La Russie mobilise son armée pour défendre son allié attaqué le 30 juillet. Les alliances font que, bientôt, la totalité des puissances européennes sont impliquées dans le conflit.

Bien que l'assassinat de l'archiduc apparaisse comme le déclencheur, il semble que le conflit survint pour des raisons beaucoup plus profondes. Il y avait, à cette époque, plusieurs foyers de tension notamment dans les Balkans, où les revendications nationalistes montaient depuis le milieu du XIXe siècle. Sans compter de fortes tensions entre les grandes puissances, qui se livraient une concurrence stimulée par la révolution industrielle. Pour défendre leurs intérêts, elles s'étaient d'ailleurs dotées de puissantes armées.

Le conflit a pris des proportions jamais vues, car, pour la première fois, presque toutes les nations de la planète ont

été engagées dans une même guerre. Même les Etats-Unis
sont entrés dans le conflit en 1917, car « l'Allemagne a
déclaré la guerre à l'humanité » et il faut combattre « pour
la liberté et pour le droit ».

En 1919, le traité de Versailles a changé la carte de
l'Europe. L'Allemagne, condamnée à payer de lourdes
réparations et contrainte d'abandonner certains territoires,
dont l'Alsace-Lorraine, cédée à la France, et toutes ses
colonies, ressentit une grande humiliation. Ce ressenti-
ment a donné naissance à un désir de revanche incarné
plus tard par le régime totalitaire d' Adolf Hitler.

Malgré de réels efforts pour préserver la paix en
Europe, la Seconde Guerre mondiale éclata en 1939 et
Hitler conquit la plus grande partie du continent et se
lança à l'assaut de la Russie avec laquelle il avait pourtant
signé un traité de non-agression.

À la fin du conflit, en 1945, deux grandes puissances
ont émergé : l'URSS et les États-Unis qui, eux, s'ap-
puyaient sur leurs alliés de l'Organisation du traité de
l'Atlantique Nord.

Puis, ce fut la guerre froide et plus tard la chute du mur
de Berlin. Les deux grandes puissances mondiales ont dû
s'entendre sur la maîtrise des armements et de la proliféra-
tion nucléaire. Mikhaïl Gorbatchev a essayé de moderniser
le communisme au milieu des années 1980, mais le processus de sauvetage, devenu incontrôlable, a provoqué un
énorme bouleversement qui a conduit à la fin de l'empire
soviétique.

En 1989, le mur de Berlin, symbole de la guerre froide,
est démantelé et l'Allemagne réunifiée.

En 1991, une coalition internationale soutenue par de
nombreux pays arabes et menée par les États-Unis force
l'Irak à se retirer du Koweït envahi l'année précédente.

En 1994, après le retrait des troupes de l'ONU de
Somalie, où de terribles combats se déroulaient loin des
caméras de télévision, le Rwanda sombra dans une guerre

civile marquée par le génocide des Tutsis et des Hutus modérés – de 500 000 à 1 million de morts – par des extrémistes Hutus.

Les conflits au Proche-Orient: au Liban, en Palestine, en Israël et ceux de Serbie, de Croatie et d'Irlande ainsi que des coups d'état souvent sanglants et des guerres civiles en Amérique du Sud, en Amérique centrale, en Afrique et en Corée viennent compléter le tableau de ce siècle de guerres.

Certains de ces conflits perdurent, et il faut se demander : À quand la vraie paix mondiale?

– Avril 2001 –

# Un voyage vers les étoiles

Cette année encore, nous sommes partis en famille au temps des vacances.

Nous profitons du séjour annuel de mon frère aîné pour faire une balade dans une région assez rapprochée que nous connaissons peu.

Cette fois, nous nous sommes dirigés vers le Mont Mégantic, dans le but d'y observer le ciel avec les experts de l'AstroLab et de découvrir le monde incroyable des astres et du cosmos.

Chemin faisant, nous avons découvert des coins charmants dont des cascades d'eau spectaculaires tout près d'une petite route peu fréquentée. Nous choisissions les endroits les plus chaleureux pour y prendre nos repas et notre gîte d'un soir à Notre-Dame-des-Bois était charmant, avec un service « aux petits oignons ».

À l'AstroLab, le tour de l'exposition, où un astronome explique l'univers à coup de milliers d'années lumière, est captivant même si c'est parfois difficile à comprendre. Le soleil disparaîtra, nous dit-on, dans cinq millions d'années. Pour le moment, seulement un millième de 1 % de sa lumière nous parvient et sa chaleur dépasse 6 000°C.

Plus tard, un jeune astronome vulgarise pour nous les mystères de la voûte céleste. Il y met beaucoup d'humour et nous montre des bouts de films fascinants qui nous font connaître les plus grands astrophysiciens de notre époque. La présentation multimédia sur la mécanique céleste et sur la vie et la mort des étoiles ne peut laisser personne indifférent.

Nous avons aussi visité le CosmoLab, qui ouvrira bientôt ses portes. Ce projet a été rendu possible grâce à la participation financière importante d'un cosmologue amateur philanthrope. Nous avons pu observer le soleil grâce à un télescope muni de filtres spéciaux

La nuit venue, nous nous sommes rendus à l'observatoire au sommet du Mont Mégantic – pourvu du plus puissant télescope de l'est de l'Amérique. Les scientifiques de plusieurs pays s'y rendent régulièrement pour observer les galaxies lointaines. Cette région est peu polluée par la lumière, ce qui permet de mieux distinguer les corps célestes éloignés. La noirceur du ciel, l'altitude élevée et les installations qui continuent d'être améliorées font du Mont Mégantic un endroit idéal pour l'observation des astres. Certains observatoires qui étaient jadis très performants le sont maintenant beaucoup moins à cause de la proximité de grandes villes qui projettent beaucoup trop de lumière dans le ciel.

L'émission scientifique Découverte de Radio-Canada a utilisé ce site comme toile de fond pour une série télévisée de reportages sur les planètes du système solaire. Les membres de l'équipe qualifient cette série de grandiose. Elle sera vraisemblablement rediffusée l'an prochain.

Là, nous pouvons observer les étoiles et les galaxies lointaines qui nous apparaissent telles qu'elles étaient il y des dizaines de millions d'années! Nous voyons les étoiles filantes comme elles étaient il y a des centaines de milliers d'années lumière. Chaque étoile sur laquelle le télescope est pointé n'existe plus depuis bien longtemps comme nous la voyons présentement. Cela est vrai aussi de notre lune chérie.

Après cette belle longue soirée, les yeux dans les étoiles et dans la lune dont les cratères m'attiraient, je ne regarderai plus jamais la nuit de la même manière.

– Août 2001 –

# Funérailles et réminiscence

Une amie est décédée récemment et lors de ses funérailles, des amis de longue date se sont retrouvés pour un dernier hommage.

Des souvenirs heureux des folles années de ski au Mont Sutton nous sont revenus à la mémoire et nous nous sommes rappelé la joie de vivre de cette amie dont les gestes et racontars étaient des plus drôles et farfelus. « Te souviens-tu de telle ou telle occasion, etc. » Lorsque la bande de joyeux vacanciers débarquait à Sutton pour une ou deux semaines de ski, la montagne n'était plus la même. Les rires, les coups pendables, les retrouvailles, lors d'un arrêt mérité du travail quotidien, trouvaient leurs échos du matin jusque tard en soirée.

Les années ont passé, plusieurs ont cessé de skier, nous restions en contact, mais moins souvent et d'une manière différente. Les occasions sont devenues moins fréquentes alors que chacun allait son chemin et que certains disparaissaient. Nous, qui skions encore, nous rappelons de temps à autre les « bonnes années » et nous pensons combien nous avons de la chance de continuer. Au lever de l'an 2000, nous avons plus particulièrement pensé à ceux avec qui nous avions tellement skié et qui nous avaient quittés sans vivre ce tournant mémorable.

Mais cette amie morte récemment et son mari décédé plus tôt cette année ont vu ce début de millénaire. Ce fut là une remarque des amis venus faire leurs adieux.

Étrangement, ces réminiscences m'ont rappelé, par ricochet, d'autres merveilleuses occasions du temps passé, des événements et des personnes que je fréquentais alors. Par exemple, le temps de l'équitation et de la chasse à courre dans le merveilleux décor automnal et les départs très tôt matin de Montréal pour rejoindre les autres cavaliers à Bromont ou à Mirabel. Voilà aussi une époque révolue pour moi, mais combien elle me manque lorsque les feuilles commencent à changer de couleurs. L'équitation, comme le ski, est un exercice à risque. Comme pour le ski aussi, il y a la sensation du vent sur le visage, de se mesurer à soi-même et aux éléments changeants de la nature.

Et quant on commence à penser au passé, on ne s'arrête pas facilement. On pense à d'autres personnes avec qui on a fait un bout de chemin ou même un long parcours, aux événements exceptionnels auxquels on a participé, aux moments inoubliables dont on se souvient avec nostalgie.

La nuit suivant les funérailles, j'ai rêvé à quelqu'un parti depuis longtemps. L'action se passait comme s'il était là maintenant et que rien n'avait changé. Je n'ai pas été attristée par ce rêve; j'ai plutôt pensé que mes réminiscences avaient influencé mon cerveau à ramener aussi ce souvenir à la surface.

Le passé n'existe plus; quand nous y pensons, nous le recréons dans le présent. Il ne faut cependant pas trop s'y attarder car la vie présente offre aussi ses cadeaux. Ils sont différents certes, mais, avec l'expérience du passé, nous pouvons les vivre plus calmement et avec autant de joie. Et la vie continue…

– Août 2000 –

# Le rire améliore la santé

Trois Canadiens et trois Américains voyagent en train pour se rendre à un match de hockey. À la gare, les trois Américains achètent trois billets et ils voient les trois Canadiens n'acheter qu'un seul billet.

« Comment trois personnes pourront-elles voyager avec un seul billet, » demande l'un des Américains. « Vous verrez bien » de répondre l'un des Canadiens.

Ils montent tous à bord. Les Américains prennent leurs sièges tandis que les trois Canadiens s'entassent dans les toilettes et ferment la porte. Peu après le départ, le conducteur passe pour prendre les billets. Il frappe à la porte des toilettes en disant : « Billet, s'il vous plait. »

La porte s'entrouvre et un seul bras en sort avec un billet en main. Le conducteur le prend et continue sa route.

Voyant cela, les Américains croient l'idée géniale. Aussi, après la partie de hockey, ils décident de faire comme les Canadiens et, à la gare, ils n'achètent qu'un seul billet pour le retour.

Ils sont surpris de voir les Canadiens n'acheter aucun billet. « Comment allez-vous voyager sans billet? » de dire l'un des Américains. « Vous verrez bien » de répondre un Canadien.

Aussitôt montés à bord, les trois Américains s'entassent dans les toilettes et les trois Canadiens font de même dans d'autres toilettes plus loin.

Après le départ du train, un des Canadiens sort, se rend devant les toilettes où les Américains sont cachés et dit : « Billet, s'il vous plait. »

\* \* \*

Un athée nageant dans l'océan voit tout à coup un requin dans l'eau et il se met à nager à toute vitesse vers son bateau. En se retournant, il voit le requin tourner pour se diriger vers lui. Apeuré, il essaie de nager de plus en plus vite. Il voit soudainement les mâchoires de la grosse bête s'ouvrir en montrant ses immenses dents. « Mon Dieu, sauvez-moi » de crier l'athée.

Le temps s'arrête et une grande lumière brille au dessus du nageur. Il reste immobile dans l'eau et soudain il entend la voix de Dieu dire : « Tu es un athée. Pourquoi m'appelles-tu alors que tu ne crois pas en moi? »

Confus et sachant qu'il lui est impossible de mentir, le nageur répond : « Il est vrai que je ne crois pas en toi, mais peux-tu faire en sorte que le requin croie en toi? » « Comme tu le veux, » et la lumière remonta vers le ciel et les eaux se remirent à bouger de nouveau. En se tournant, l'athée voit les dents féroces se hisser vers lui. Soudainement, la bête s'arrête et se retire un peu. Surpris, le nageur voit le requin fermer les yeux et baisser la tête en disant: « Merci, mon Dieu, pour le bon repas que je vais bientôt manger. »

\* \* \*

Il peut être catastrophique d'inscrire la mauvaise adresse en envoyant un courrier électronique.

Ce fut le cas d'un homme qui quitta les rues enneigées de Montréal pour un séjour en Floride. Sa femme était en voyage d'affaires et elle devait le rejoindre le lendemain.

En arrivant à l'hôtel, il décida d'envoyer un courriel à sa femme. Ne trouvant pas le bout de papier sur lequel il avait écrit son adresse Internet, il fit de son mieux pour s'en rappeler. Il oublia malheureusement une lettre et son message fut dirigé vers la femme âgée d'un ministre du culte décédé la veille.

Quand la veuve éplorée vérifia son courriel, elle lança un cri effrayant et tomba par terre en perdant connaissance. Sa famille accourue dans la pièce vit à l'écran :

*Chère épouse,*
*Je viens de m'inscrire.*
*Tout est prêt pour ton arrivée demain.*
*Ton mari qui t'aime éternellement*
*(Il fait très chaud ici)*

– Mai 2000 –

# Trente ans après l'Exposition universelle de 1967

Le 28 avril, j'ai assisté avec nostalgie à une réception marquant le 30ᵉ anniversaire de l'ouverture d'Expo 67. Que de souvenirs me sont revenus à l'esprit de cette incroyable aventure qu'a été Expo 67, où j'ai travaillé en relations publiques depuis 1963 jusqu'après la fermeture pour ensuite continuer à Terre des Hommes jusqu'en 1970. L'Exposition universelle de 1967 a vu la participation de 62 pays et elle a accueilli 50 millions de visiteurs. L'audace de créer un site au milieu du fleuve a démontré notre capacité de voir grand et de réussir. Il a fallu 25 millions de tonnes de remblai pour agrandir l'Île Sainte-Hélène et créer une nouvelle île, l'Île Notre-Dame. Le matériel de remblai provenait du creusement de tunnels pour le métro de Montréal.

Durant les deux années précédant Expo 67, j'ai prononcé plus de 200 discours pour faire connaître l'exposition. Au début, les gens n'y croyaient pas trop et voyaient toutes sortes de problèmes. Mais à l'approche de l'ouverture, l'attitude générale avait complètement changé. C'était devenu « notre Expo » et un des moments les plus marquants de l'histoire récente du Canada.

Expo 67 restera le souvenir d'une période de gloire, de fierté d'être Canadiens, d'un extraordinaire esprit de joie et de paix universelle qui s'est emparé de Montréal, du Québec et du Canada pendant l'été de 1967, où 50 millions de visiteurs, de tous les coins du monde, sont venus chez nous.

Cette réalisation fut vraiment un point culminant qui nous a donné confiance en nous-mêmes, qui a sophistiqué les Montréalais et les Québécois, en particulier du point de vue des arts et de la cuisine internationale. Et Montréal est devenue instantanément une capitale mondiale.

Moi, qui avais vu la création du site et la construction des pavillons, des routes, des ponts et autres installations, j'avais quand même du mal, en avril 1967, à m'imaginer que tout serait prêt pour le 28, en particulier l'aménagement paysager. Puis, quelques jours avant l'ouverture, j'ai eu le plaisir de faire le tour de l'emplacement en compagnie du Commissaire Général, monsieur Pierre Dupuy, et j'ai compris que nous avions réussi, que nous serions prêts à accueillir le monde.

La veille de l'ouverture, nous avions invité les familles et amis des « constructeurs » d'Expo 67 à visiter les lieux. Quelle euphorie parmi la foule enthousiaste qui bravait un temps glacial pour se promener en balade, faire la queue devant les quelques restaurants ouverts, et admirer le spectacle illuminé en se promenant à bord du minirail alors que la lune semblait sourire et ajouter de la magie.

Le jour le plus triste de ma vie fut le jour de la fermeture d'Expo 67. C'était mon anniversaire de naissance, ma mère était décédée une semaine auparavant. Nous étions nombreux au pavillon de la Presse à regarder la foule de 200 000 personnes sortir de l'Île pour une dernière fois en agitant de petits drapeaux canadiens et en disant « Au revoir ».

Mais la magie d'expo 67 survit. On s'en souvient avec plaisir et joie. Elle a laissé ce message à l'humanité : « Ce qui nous unit est beaucoup plus grand que ce qui nous sépare. » Nous aurions avantage à nous en souvenir en marchant vers l'an 2000.

– Mai 1997 –

# Une nuit étoilée d'août

Par une soirée d'une incroyable douceur, comme nous en avons connues durant les dernières semaines, j'ai décidé d'observer le ciel de minuit. Allongée sur une chaise longue, les yeux dirigés sur la voûte céleste, j'ai pu observer la Voie lactée en me souvenant que nous la regardons vraiment de l'intérieur puisque notre galaxie s'y trouve. En essayant d'identifier certaines constellations et en découvrant des milliers d'étoiles dans le firmament, je me suis mise à penser aux distances incroyables de ces étoiles, à des centaines et des milliers d'années lumière de nous. Donc, ce que je voyais était un spectacle vieux de plus de temps que je ne puis imaginer avec mon cerveau limité. L'ego en prend un coup !

Je ne caches pas que mon but premier en sortant à cette heure était surtout de regarder les Perséides que l'ont peut apercevoir chaque année vers la mi-août. Il semble que ce soit la pluie d'étoiles filantes la plus connue et la plus importante de l'année. Pour bien les voir, il fallait attendre encore quelques heures, plus tard dans la nuit.

Il faisait si beau qu'il n'y avait pas de problème à rester là jusqu'au moment de cette pluie de météores ou « étoiles filantes ». Je me suis souvenue d'avoir lu qu'il s'agit de la « trace lumineuse laissée par un petit caillou provenant de l'espace et qui se désintègre en entrant à très grande vitesse dans l'atmosphère de la terre ». La friction de l'air sur ces objets les porte rapidement à de très hautes températures. Dans son orbite autour du soleil, la terre repasse aux

mêmes dates chaque année à travers des « rivières de parti-
cules laissées derrière elles par des comètes ».

Dans le cas des Perséides, le nom est rattaché à la
constellation d'où semblent venir les météores, soit la constellation de Persée.

Quel spectacle magnifique par une nuit idéale! À voir
un tel déploiement, on a l'impression d'en faire partie. Et,
à la campagne, sans pollution de lumière, je me promets de
faire un peu d'observation plus souvent.

– Août 2001 –

# L'histoire
## de Fleming

Il était une fois un Écossais du nom de Fleming. Pauvre fermier, il avait de la difficulté à joindre les deux bouts. Un jour, alors qu'il travaillait dans ses champs, il entendit des cris d'appel à l'aide en provenance d'un marécage non loin de là. Il laissa tomber ses outils et se précipita vers cet endroit. Là, enlisé jusqu'à la taille, un jeune garçon terrifié criait et se débattait pour essayer de se libérer. Le fermier Fleming sauva le garçon d'une mort lente, terrifiante et certaine.

Le lendemain, une calèche luxueuse tirée par des chevaux princiers s'arrêta à la pauvre propriété du fermier écossais. Un aristocrate élégant en descendit et se présenta comme étant le père du jeune garçon sauvé par Fleming.

« Je veux vous payer pour ce que vous avez fait hier – vous avez sauvé la vie de mon fils, » de dire l'aristocrate.

« Non, je ne peux pas accepter de paiement pour mon acte, » répondit le fermier.

Sur ces entrefaites, le fils du fermier entra dans la modeste chaumière. « Est-ce votre fils, » dit le noble aristocrate.

« Oui, » répondit le fier fermier.

« Laissez-moi pourvoir à l'éducation de votre fils au même niveau que ce que j'offrirai à mon propre fils. Si le fils est comme son père, il ira loin et vous en serez fier. » Le fermier accepta.

Le noble aristocrate fit comme il avait dit. Le fils de Fleming étudia dans les meilleures écoles d'Angleterre et il obtint finalement son diplôme de la prestigieuse école de médecine St. Mary's de Londres. Il devint par la suite très connu sous le nom de Sir Alexander Fleming, responsable de la découverte de la pénicilline.

Plusieurs années plus tard, le fils de l'aristocrate sauvé du marais par le père de Sir Alexander, tomba gravement malade d'une pneumonie.

Il fut sauvé par la pénicilline!

Le nom du noble aristocrate était Lord Randolph Churchill.

Le nom de son fils? Sir Winston Churchill.

On dit que l'on reçoit ce que l'on donne. What goes around, comes around, pour les anglophones qui lisent cette chronique et disent comprendre et apprendre le français davantage.

– Février 2001 –

# Poursuites judiciaires frivoles

L es américains sont reconnus pour intenter des poursuites judiciaires exagérées.

Il est surprenant que, dans bien des cas, ces gens ob-
tiennent des montants fabuleux de la Cour, même si leurs
causes semblent « tirées par les cheveux ». C'était le cas
d'une femme qui a été brûlée par du café qu'elle avait
acheté chez MacDonald's et placé entre ses genoux dans
l'automobile qu'elle conduisait. Le café s'est renversé et l'a
brûlée. Elle a poursuivi MacDonald's et obtenu 1 000 000 $
en compensation.

Un voleur, entré par effraction, est demeuré enfermé
dans le garage de la propriété qu'il s'apprêtait à cambrioler.
Les propriétaires ne sont rentrés que plusieurs jours plus
tard. Il a été libéré lorsque ceux-ci ont ouvert la porte du
garage. Il les a poursuivi parce qu'il avait été emprisonné
malgré lui et il a obtenu une importante compensation des
propriétaires.

L'histoire récente suivante montre jusqu'au peut aller
la finesse et la subtilité des gens de loi.

Un avocat de Charlotte, en Caroline du Sud, a acheté
une boîte de cigares très rares et très chers. Après avoir
fumé tous ces merveilleux cigares, et avant d'avoir fait le
premier paiement de sa police d'assurance, l'avocat a fait
une réclamation à la compagnie d'assurance. Dans sa
réclamation, l'avocat a déclaré que les cigares avaient été
perdus dans une séric de petits feux. La compagnie refusa
de payer, invoquant la raison évidente.

Il était évident que l'avocat avait consommé les cigares de la manière habituelle, mais il a intenté une poursuite … et il a gagné! Dans son jugement, le juge indiqua que l'avocat détenait une police de la compagnie, dans laquelle celle-ci déclarait assurer les cigares et garantissait qu'ils étaient assurés contre le feu, sans toutefois définir ce que pourrait être « un feu inacceptable », et qu'elle devait donc payer la réclamation. Au lieu d'entreprendre de longues et coûteuses démarches juridiques, la compagnie accepta le jugement et paya les 15 000$ à l'avocat pour la perte de ses cigares rares, perdus dans « des feux ».

Et voici le clou de cette affaire…

Après que l'avocat eut encaissé le chèque, la compagnie d'assurance le fit arrêter pour 24 cas d'incendies criminelles, en utilisant sa propre réclamation et sa déclaration à la Cour. Donc, sa cause fut utilisée contre lui et il fut accusé d'avoir intentionnellement mis le feu à sa propriété assurée. Il écopa de 24 mois de prison et d'une amende de 24 000 $.

Il s'agit, semble-t-il, d'une histoire vraie qui a pris la première place au concours récent des « Criminal Lawyers Awards ».

– Novembre 2002 –

# Humour fin au fil des jours

Un avocat et ses deux clients – un rabbin et un saint homme hindou – ont une panne d'automobile un soir en pleine campagne. Ils demandent à un fermier de passer la nuit chez lui.

Le fermier leur dit qu'il n'y avait de la place que pour deux et qu'un d'entre eux devrait passer la nuit dans la grange. « Pas de problème » de dire le rabbin. Mon peuple erra dans le désert durant 40 ans. Je suis assez humble pour dormir dans la grange pendant une nuit. Il se rendit à la grange et les autres se mirent au lit.

Quelques minutes plus tard, ils entendent frapper à la porte. En ouvrant, le fermier voit le rabbin à la porte et lui demande ce qui ne va pas. Le rabbin lui répond : Je vous suis reconnaissant, mais je ne peux pas dormir dans la grange, car il y a cochon et, dans ma religion, on croit qu'il s'agit d'un animal malsain.

Son ami hindou accepte alors de changer de place avec lui, mais quelques minutes plus tard on frappe de nouveau à la porte et le fermier y trouve le saint homme hindou qui lui dit : Moi aussi je vous suis reconnaissant de nous héberger, mais il y a une vache dans la grange et, dans mon pays, on considère la vache comme animal sacré. Je ne peux pas dormir en une telle compagnie.

N'ayant d'autre choix, l'avocat se rend à la grange en maugréant.

Quelques minutes plus tard, il y a de nouveau du bruit à la porte.

Frustré, le fermier ouvre et voit le cochon et la vache devant la maison.

\* \* \*

Voici une histoire vraie qui s'est passée à San Francisco : un homme qui voulait faire un vol à main armée se rendit à la Bank of America au centre-ville et écrivit une note qu'il voulait remettre à un caissier : Ceci est un hold-up. Mets tout l'argent dans le sac.

Dans la file d'attente, il pense que peut-être quelqu'un l'a vu écrire la note et risque d'appeler la police avant qu'il arrive à la caisse. Il quitta donc la banque et se rendit à la banque Wells Fargo, de l'autre côté de la rue. Après avoir fait la queue pendant quelques minutes, il remit sa note à une caissière chez Wells Fargo. Voyant le note pleine de fautes, elle pensa que l'individu n'était pas très brillant et elle lui dit qu'elle ne pouvait pas accepter sa note parce qu'elle était écrite sur un feuillet de dépôt de la Bank of America et qu'il devait soit rédiger une autre note sur un feuillet de dépôt de Wells Fargo ou retourner à la Bank of America. L'homme se rendit de nouveau à la Bank of America, où il fut arrêté alors qu'il attendait son tour devant une caisse.

\* \* \*

Un jeune homme entra chez un dépanneur et demanda tout l'argent de la caisse. Lorsque le comptant fut dans un sac, le voleur vit une bouteille de Scotch sur une tablette et dit au caissier de la mettre aussi dans le sac. Le caissier refusa en alléguant qu'il ne croyait pas que le voleur ait 21 ans. Le voleur présenta donc son permis de conduire et le caissier admit que l'homme avait bel et bien 21 ans et il mit le Scotch dans le sac. Le voleur quitta le magasin à la course avec son butin. Le caissier appela la police en donnant le signalement et les coordonnées du voleur!

\* \* \*

Un automobiliste est pris dans un piège de mesure automatique de la vitesse au moyen de radar. Il reçoit une contravention de 50 $ par la poste quelques jours plus tard avec une photo de sa voiture. Au lieu de payer les 50 $, l'homme envoya une photo d'un billet de 50 $ sans faire de paiement. Plusieurs jours plus tard, il reçut une autre photo ... de menottes. Il envoya les 50 $.

\* \* \*

Une femme téléphona au centre de contrôle du poison, service de toxicologie. Elle était très nerveuse parce qu'elle avait vu sa petite fille manger des fourmis. Le médecin de service lui dit que les fourmis n'étaient pas dommageables et qu'il n'y avait pas lieu d'amener la petite fille à l'hôpital. La femme sa calma et, à la fin de la conversation, elle mentionna qu'elle avait donné du poison à fourmis à sa fille pour tuer les fourmis qu'elle avait avalées. Le médecin lui répondit de courir à l'urgence sans tarder.

– Janvier 2004 –

# Paix sur la terre

Durant la saison des fêtes, nous avons offert et reçu de nombreux vœux de paix, de joie et d'amour. Nous sentons le besoin d'avoir la « Paix sur la terre ».

Cependant, la plupart des nouvelles quotidiennes sont tout autres; et nous nous demandons ce que nous réserve l'année qui vient de commencer. Nous apprécions d'autant plus les actes de gentillesse et de bienveillance autour de nous.

J'ai reçu un très joli message de Noël par courriel dans lequel un chœur d'enfants chante des vœux: « enfant de Palestine, enfant d'Israël, enfant de Chine ou d'ailleurs » « ne retient qu'une chose, il faut croire à Noël » et leurs vœux sont que « les fusils se taisent et répondent à la parenthèse qu'est Noël ». Et à la fin, ces enfants chantent l'espoir qu'un jour viendra peut-être, au goût de miel, avec un oiseau dans le ciel aux plumes de lumière, un oiseau de Noël qui apportera la paix.

Leurs souhaits se réaliseront peut-être car des militants pour la paix ont mis sur pied, il y a quelques mois, des lignes téléphoniques qui permettent aux Israéliens et aux Palestiniens de communiquer entre eux. Les appels sont gratuits pour les utilisateurs. Grâce à Hello! Salaam! Shalom!, la paix peut être au bout du fil, pour ainsi dire. L'organisme pour la paix encourage le dialogue entre des gens qui ont perdu un être cher, des deux côtés du conflit. En composant un numéro à quatre chiffres tout Israélien peut parler à un Palestinien et tout Palestinien peut parler à un Israélien. Des pages entières de publicité ont paru dans les journaux en Israël et en Palestine. Après seulement quelques jours, 5 900 personnes avaient déjà appelé pour une communication avec l'autre côté.

« Le concept est simple » de dire Itzek Frankenthal, directeur de l'Association des parents israéliens-palestiniens en deuil, « les gens peuvent se parler ». Dans l'annonce, on dit : « Depuis deux ans, nous ne nous sommes pas parlé. Moi de Gilo, vous de Beit Jala. Moi de Hadera et vous de Tulkarm. On vous tire dessus tandis que des bombes explosent sur nous. Nous sommes en colère et nous souffrons, et l'autre côté doit aussi ressentir la même chose. Il est temps de mettre fin à tout cela. »

Frankenthal, qui a perdu un fils lors de l'explosion d'une bombe suicide palestinienne, il y a huit ans, et qui est un membre actif du mouvement de paix depuis longtemps dit que les lignes téléphoniques coûtent 2 500 $ US par mois. Les gens qui appellent disent aux téléphonistes s'ils sont Israéliens ou Palestiniens et s'ils désirent parler à un homme ou à une femme. Un ordinateur cherche alors dans la base de données composée de noms fournis par des personnes intéressées de l'autre côté et fournit un numéro de téléphone.

Frankenthal a lui-même essayé le système et a été mis en contact avec un Palestinien de la ville de Ramallah. Ils ont discuté durant une demi-heure et Frankenthal a appris que la sœur du Palestinien avait été tuée par l'armée Israélienne, quelques mois auparavant. « Il m'a confié qu'il avait perdu sa sœur et je lui ai parlé de mon fils. Il m'a dit : Voici que nous nous parlons. Je ne veux pas la vengeance et je ne ressens pas de haine. »

La guerre a été si épouvantable et si douloureuse que plusieurs, des deux côtés, ne croient pas qu'il y ait de terrain commun de discussion. Nabil, le Palestinien qui a parlé à Frankenthal, n'a pas voulu donner son nom de famille de crainte de représailles de la part de sa famille et de ses amis. « J'ai appelé, dit Nabil, parce que je crois en la paix. Et, je crois qu'il y a beaucoup de gens comme moi. Nous ne nous sommes pas parlé depuis si longtemps. Je crois que nous pouvons reconstruire si les deux peuples se rencontrent. »

Dans un article du New York Daily News du 8 décembre dernier, Deborah Blachor parle de Sammy Waed, qui ne croyait jamais devenir un ami d'un soldat Israélien, particulièrement, un soldat qui avait envahi sa ville de Ramallah. Mais, il y a un mois, ce jeune de 20 ans téléphona à l'autre côté et parla à Arik , âgé de 23 ans, de Tel Aviv. « Arik m'a dit combien il détestait son service militaire, car il était au milieu d'une population civile, agissant en policier auprès des enfants et causant du mal aux innocents, » raconte Waed. « Auparavant, je croyais que les Israéliens ne ressentaient aucune peine de voir souffrir et mourir les Palestiniens, mais maintenant, je sais qu'ils souffrent aussi. Et maintenant, j'ai espoir en la paix. »

En fait, ce service doit la vie à une erreur de numéro. Natalia Wieseltier, une Israélienne, a téléphoné à un ami à partir de son téléphone portable, mais elle a composé le mauvais numéro et rejoint un Palestinien nommé Jihad. Ils ont échangé quelques mots en hébreu et ont raccroché. Mais le numéro de Natalia apparaissait sur le portable de Jihad et il l'a rappelée" Ils ont parlé plusieurs fois et Natalia a éventuellement parlé aux membres de la famille de Jihad. Maintenant, cette famille téléphone à Natalia après chaque attaque terroriste pour savoir si elle va bien. Elle a été tellement impressionnée par ce dialogue qu'elle en a parlé au « groupe des parents israéliens – palestiniens en deuil » qui a vite donné suite à cette idée de dialogue.

Au début de décembre, déjà 25 000 personnes avaient utilisé le service.

http://www.hellopeace.net.

– Janvier 2003 –

# Le pardon

L a fête de l'Action de Grâce d'il y a quelques jours m'a fait réfléchir à la gratitude et, par ricochet, au pardon. C'est le temps idéal pour s'arrêter et apprécier nos droits et libertés ainsi que l'abondance dans laquelle nous vivons. J'ai aimé un texte de Gary Craig dans lequel il demande pourquoi ne pas nous placer dans un état de pure gratitude pendant 24 heures. Et, je dis, pourquoi pas? Durant ce temps, nous pourrions passer outre les actes et soi-disant méchancetés des autres et honorer leur beauté spirituelle. Voilà certainement une manière directe d'être en paix alors que le pardon joue son rôle. D'autres seront conscients de notre « état de gratitude » et seront enclins à faire de même. Il y a une bonne leçon ici. En laissant tomber les jugements et les ressentiments « nécessaires », nous goûtons à la paix personnelle et à la compréhension. Cela nous fait aussi voir la nature néfaste de la réprobation envers les autres. Car, notre colère et notre souffrance, pour lesquelles nous blâmons les actes des autres, sont plutôt le résultat de notre réaction et de notre jugement de ces actes. Nous avons toujours le choix de ne pas réagir, même si cela paraît très difficile.

Le Cours en miracles dit que le pardon est la clé du bonheur et qu'il nous apporte « tout ce que nous voulons vraiment ». Le cours dit aussi que « celui qui ne pardonne pas doit juger, parce qu'il doit justifier son inhabilité à pardonner ».

Mais, comment pardonner, comment laisser tomber nos jugements pour atteindre « l'état de gratitude »? Comment passer outre les « fautes évidentes » d'autrui et entrer au palais de la paix personnelle?

Il y a, sans doute, bien des méthodes pour ce faire. L'une d'entre elles consiste à voir les personnes « coupables » sans passé. Sans passé est important, car notre critique interne utilise le passé pour déceler les fautes impardonnables des autres, qui nous ont tant blessés. Nos rancunes sont souvent trop « importantes pour que nous les laissions tomber. Après tout, cette personne mérite nos colères et nos jugements » et nous voulons qu'elle souffre autant que nous. Mais cela est vraiment une prison que nous créons nous-mêmes et nous y sommes nos propres geôliers. Facile à changer? Certainement pas! Mais notre choix de pardonner ou non détermine, en grande partie, notre joie de vivre. Et si le pardon est bon pour l'âme, il l'est aussi pour le corps sur lequel la haine et la rancune peuvent avoir de nombreux effets négatifs. Il n'est peut-être pas facile d'oublier, mais il est quand même possible de pardonner en voyant la personne comme faible et humaine (comme nous).

La conscience humaine est en changement présentement dans le monde. De plus en plus de gens sont attirés par la spiritualité, qu'ils voient comme une expérience personnelle de méditation, de lecture et d'action positive. On voit même le changement dans les affaires et nombreux sont ceux qui en parlent ouvertement. J'ai vu une affiche Namasté récemment dans un commerce et dans un club de santé. Je vous laisse sur ces mots : Namasté, « J'honore le lieu en toi où demeure l'univers entier, j'honore le lieu en toi qui est amour, vérité et paix. Quand tu es en ce lieu à l'intérieur de toi et que je suis en ce lieu à l'intérieur de moi, nous sommes une seule et même chose. J'honore la divinité en toi. »

Et n'oublions pas que la plus grande prière est de rire tous les jours. Soyez heureux.

– Octobre 2003 –

# Jouer au Bon Dieu

Vers la mi-décembre, durant ma marche quotidienne, j'ai vu un chat qui pleurait sur le pas d'une maison. Le jeune voisin me raconta que la personne qui habitait là auparavant avait déménagé en laissant le chat derrière. Il avait été tout simplement abandonné à son sort. Je pris tout de suite pitié du chat qui n'aurait pas la vie facile durant l'hiver. Par la suite, je me prenais à lui laisser de la nourriture en passant.

Puis, le jeune homme me dit qu'il y avait aussi deux chatons dans la remise derrière. Ils étaient jeunes – nés à l'Halloween – et seuls puisque leur mère avait récemment été tuée par une automobile. De plus, cette mère avait été lâchement jetée par dessus bord d'une autre voiture circulant sur la route. Elle s'était réfugiée dans le remise où elle avait donné naissance aux deux chatons – un mâle et une femelle.

Cette histoire triste me serra le cœur. Je craignais pour les petits avec le froid qui approchait et j'allais tous les jours les nourrir et leur donner à boire dans la remise. J'y avais aussi laissé un panier confortable et une litière. Entre temps, je demandais à tous et chacun s'ils ne voulaient adopter deux adorables chatons gris. J'ai déjà des chats adultes et je ne pouvais pas en « adopter » d'autres. Les jours passaient et le grand froid approchait. Déjà, l'eau que je laissais pour les minous gelait en quelques heures. À Noël, j'essayai de convaincre les invités à deux réceptions, qu'ils se devaient d'avoir de petits chats; que ce serait bonne et agréable compagnie. Aucun preneur.

Trois jours avant le Jour de l'An, les prévisions atmosphériques étaient à l'effet de temps très froid pour les jours suivants. Je pensais que les petits ne survivraient pas à ce temps glacial et j'ai demandé à une amie très dévouée et toujours disponible à rendre service de m'aider à récupérer les chatons pour leur éviter une triste fin. Je me disais qu'ils pourraient bien demeurer chez moi un peu en attendant que quelqu'un les adopte. J'ai aussi téléphoné au jeune homme qui m'avait appris l'existence de ces petits animaux et lui ai demandé de venir nous joindre dans la grande remise pour prendre les petits.

Malheureusement, avant notre arrivée, alors que nous étions munies d'une cage et d'herbe à chat le jeune homme avait déjà essayé d'attraper les chatons. Le mâle gigotait dans ses mains tandis que la petite femelle, prise de panique, s'était cachée dans un recoin noir où elle était devenue invisible.

J'étais navrée. Je croyais qu'il ne fallait pas les séparer, car un petit seul aurait du mal à se réchauffer. On me dit qu'il fallait bien commencer par un et nous sommes sortis avec le petit mâle.

Quelques heures plus tard, me voilà de retour à la remise. J'étais hantée par le fait que la petite était seule et qu'elle s'ennuyait de son frère. Mais, elle avait toujours peur et il faudrait quelques jours pour l'apprivoiser de nouveau.

Le rituel continua et je passais beaucoup de temps à lui faire savoir que je lui voulais du bien. Elle mangeait, l'eau ou le lait gelait très rapidement et je comprenais qu'il fallait agir vite. J'ai donc emmené le petit pour attirer la femelle et la mettre en confiance. Elle est venue tout près de moi, mais je n'ai pas réussi à la saisir.

Elle avait pris l'habitude de se cacher sous le plancher de la remise et elle sortait pour venir manger et boire.

Le 30 décembre, me sentant très coupable et responsable du malheur de la petite, j'ai tout fait pour essayer de la sortir de là. J'ai passé deux heures le matin sans réussir à la faire sortir. Elle est sortie en mon absence pour manger ce que j'avais laissé. En fin d'après-midi, voulant terminer ce cauchemar, je me suis rendue de nouveau dans la remise. Elle miaulait comme pour me répondre et j'avais l'impression qu'elle était prise quelque part et avait besoin d'aide.

J'ai donc demandé au jeune homme comment on pouvait se rendre là où elle semblait être. Il connaissait un passage secret, mais une fois là, nous avons constaté que la jeune chatte n'y était pas. Je devenais de plus en plus malheureuse, mais il fallait attendre au lendemain matin pour continuer. De tôt matin, la veille du Jour de l'An, j'ai recommencé à l'appeler. Elle était sous le plancher et me répondait. Je sentais qu'elle avait besoin d'aide; qu'elle voulait que je vienne à elle. J'ai réussi à enlever une petite planche pour voir en dessous, mais je ne voyais rien qui ressemblait à un chat. Il fallait la sauver. Son sort était entre mes mains. Je suis donc revenue à midi et, avec un voisin très serviable et aimant les animaux, nous sommes entrés dans la remise. Mais, maintenant, la chatte ne répondait plus et elle n'avait pas mangé ni bu ce que j'avais laissé. Malheur.

Le bon samaritain m'aida à soulever un madrier et il pénétra sous le plancher avec ma lampe de poche en mains. Pas de trace de la petite chatte grise. Elle avait quitté les lieux. Mais, pour aller où? Il avait maintenant neigé et on prévoyait du temps très froid pour la nuit. Que faire?

Je rodais autour des bâtiments et ceux des voisins pour suivre des traces, mais sans jamais retrouver la petite chatte.

(Le bon samaritain a construit un abri sur la véranda fermée de sa maison pour le chat abandonné par les occupants précédents et il le nourrit. Le chat ne peut être admis dans la maison à cause d'une jeune enfant, mais il est bien traité).

J'ai mis en alerte les voisins, au cas où. Il fallait aussi me faire une raison. Au Jour de l'An quelqu'un me fit remarquer qu'il y avait aussi beaucoup d'enfants abandonnés et qu'il valait mieux essayer de les aider, que les chats pouvaient survivre. Les enfants qui souffrent, voilà autre chose pour me percer le cœur.

J'ai cependant toujours le chaton mâle chez moi. Il est gentil, en santé et il sait se faire aimer en attendant que l'un d'entre vous ne vienne l'adopter.

– Janvier 1999 –

# La petite chatte retrouvée

L'article paru la semaine dernière racontait comment la petite chatte devenue orpheline lorsque sa mère fut tuée par une automobile était disparue après le départ de son frère pour venir chez moi.

Je m'inquiétais du sort de ce petit animal sans défense. Je craignais qu'elle meure de froid et de faim. Je laissais de la nourriture dans la vieille remise et j'espérais qu'elle ne souffre pas trop. Quelques jours plus tard, elle était là de nouveau et je me réjouissais qu'elle soit toujours vivante et en bonne forme. Mais elle n'approchait pas et ne se laissait pas approcher quand je voulais l'emmener pour la sauver. Elle me hantait. Je lui rendais visite au moins une fois par jour et parfois à deux ou trois reprises. La remise était froide et humide et j'en connaissais chaque coin et recoin. Souvent, je montais le vieil escalier (il y avait 13 marches inégales) dans la pénombre pour appeler la petite qui finissait par apparaître pour manger et boire un peu. Chaque tentative de la prendre avec moi échouait.

J'ai continué cette routine durant des semaines en me disant que cela n'avait pas de sens, qu'il ne s'agissait que d'une chatte. Mais, elle m'obsédait et je me sentais coupable de lui avoir enlevé son frère qui vivait maintenant comme un pacha. Tous les essais de rapprochement échouèrent, malgré l'aide occasionnelle d'autres personnes.

Après l'une de ces tentatives, la chatte quitta la remise. Lorsque je l'ai appelée le lendemain, je l'ai vue sortir de sous un vieux garage non loin de la remise. Nouvel endroit pour le service de repas à domicile. Nous avions maintenant un rituel : je l'appelais; elle venait pour me faire savoir où elle était et où je devais la nourrir. Petit à petit j'ai réussi à la faire sortir pour manger à l'extérieur lorsqu'il faisait beau. Elle jouait dans la neige qu'elle mangeait en guise d'eau à boire. Je lui lançais des morceaux de grandes tiges de plantes séchées et elle les attrapait. Même à la pluie battante ou par temps très froid, j'étais là. Je restais pour qu'elle se sente en confiance avec moi tout en me disant que je ne pouvais pas continuer de cette façon encore bien longtemps.

En rentrant à la maison en fin d'après-midi à la fin de janvier, je suis arrêtée voir la chatte que j'avais bien nourrie le matin. Il faisait beau et juste avant le coucher du soleil, j'ai réussi à l'attraper. Mais en la mettant dans une cage que j'avais laissée dans la vieille remise, la chatte se sauva. J'étais découragée, car je savais qu'elle redeviendrait craintive et que j'aurais beaucoup de mal à l'attraper de nouveau.

Les jours suivants, lorsque je l'appelais, elle sortait d'un autre endroit sous le vieux garage. Elle faisait un petit tour à l'extérieur comme pour me dire où elle était et rentrait vite. Je glissais les plats de nourriture sous le garage et je la voyais dévorer le tout et boire le lait avant qu'il ne gèle. Graduellement, je tirais le plat de plus en plus vers l'extérieur et elle suivait.

Après l'avoir mise en confiance, elle venait maintenant manger un peu sur mon gant. Je rentrais toujours à la maison un peu déprimée et en me demandant quoi faire. Toute cette histoire me peinait. Je ne pouvais plus utiliser de cage, car elle aurait beaucoup trop peur, et on me disait que je ne réussirais jamais à la transporter dans mes bras jusqu'à la maison.

Un soir, alors que les prévisions atmosphériques étaient favorables pour le lendemain j'ai élaboré un plan dans les plus menus détails. Il fallait que cette situation aboutisse.

J'avais remarqué que peu de voitures circulaient dans la rue à l'heure du midi. Je décidai donc de l'attraper et de l'emmener à pied le lendemain midi. Comment faire pour ouvrir la porte chez moi et pour enlever mes bottes en arrivant? J'ai donc planifié de laisser la serrure non enclenchée et de porter les bottes de mon frère desquelles je pouvais facilement me sortir les pieds. Je porterais un chandail en laine douce sur lequel je l'appuierais tout en la caressant pour rentrer à la maison. J'avais aussi préparé la petite chambre où je la mettrais en arrivant. En me couchant, j'ai revu le plan tout en me répétant que le lendemain serait le jour de la victoire. Il était impossible d'échouer, car alors tout serait perdu!

Le lendemain midi, je retrouvais la petite devant le garage et, sous le soleil brillant, je la faisais avancer vers moi jusqu'à ce qu'elle frôle ma botte. J'étais assise dans la neige et je lui donnais à manger sur le doigt de mon gant. Le repas était long, mais j'avais un but à atteindre. Je l'attrapai finalement et, en la tenant fermement sur moi et en la caressant d'une main, je pris le chemin du retour Je marchais rapidement, je pleurais, je priais, j'espérais réussir à me rendre chez moi, sinon, je ne me pardonnerais pas qu'elle se retrouve seule dans la nature. Nous n'avons rencontré qu'une seule voiture dont le bruit a effrayé la chatte, mais j'ai réussi à la tenir et nous sommes rentrées à la maison comme je l'avais imaginé.

Dans la petite chambre, je lui ai emmené son frère. Ils se sont reconnus et embrassés. Ils ne se sont pas quittés depuis. Ils jouent, dorment et mangent ensemble et ils sont très heureux. Le nom du mâle est Koko et celui de la femelle, Yum Yum. Ce sont les noms des deux chats détectives d'une longue série d'histoires à grand succès de l'écrivaine américaine Lilian Jackson Braun. Dans ces récits captivants, Koko et Yum Yum aident leur maître à résoudre des meurtres et autres méfaits. Ils sont brillants.

Si vous voulez les adopter, il vous faudra prendre les

deux; car ils sont inséparables et eux aussi sont évidemment très intelligents.

– Mars 1999 –

Note: Suite à cette aventure, pendant au moins deux ans, les deux chatons gris se retrouvaient enlacés sur le divan, sur le lit ou sur le tapis. J'ai pris des tas de photos de ces heureux inséparables. Ils ont maintenant environ sept ans et ils sont encore très souvent ensemble et se plaisent avec leurs frères orangé et beige.

# Experience in wilderness skiing

It has been described as the skiing experience of a life-
time, like "writing one's name on the face of the gods,"
the kind of wilderness skiing one can never forget. One
must be a strong skier, with good stamina they say, to enjoy
it or even to keep up.

Some years ago, I was in good physical condition and I
had been skiing week-ends all season. I could tackle any
hill. It was late April and a good time, I thought, to try helicopter skiing in the Canadian Rockies.

A telephone call and I found there was room for one
for the last week the Cariboo Lodge was open for the season. That was it. I was going. I had to try it once.

After a five-hour flight from Montreal to Calgary and
an overnight stay, there was a seven-hour bus ride via Jasper
Park to Vale Mount. A short helicopter flight brought us to
Cariboo Lodge, a beautiful wood cabin high in the mountains, surrounded by spectacular, snow-capped peaks.

Mountain scenes are vivid memories of my past ravels.
There was the unforgettable sight of Mont-Blanc, l'Aiguille
du Midi, and surrounding mountains as we descended at
dusk from skiing Flégère one Christmas Day. The moon
was already shining brightly, lighting up one side of the
peaks while the setting sun reflected pink hues on the other
side. Spectacular, awesome, no words can properly describe
this unforgettable sight.

Then, too, there was the view of the Himalayas in the
setting sun through thick, tall jungle as we rode on elephant
back to Tiger Tops Lodge in Nepal. There was also the

flight over Mount Everest and I remember yet another mountain scene – this one of mystical quality, the rising sun breaking through light clouds as we set out on a 5 a.m. climb at Matchu Pitchu in the Peruvian jungle. The African peaks of Kilimanjaro and Mount Kenya have also made their indelible marks in my travel memories.

I had seen the majesty of the Canadian Rockies before – at Banff, Norquay and Lake Louise. But the Cariboos and the Bugaboos have a different quality, a quality of infinity and immensity.

It was snowing lightly on the first day. The helicopter took us above and around incredible peaks to the world's largest snow fields. We were dropped-off at the top of a major run holding on to our hats and goggles, crouching to protect ourselves from the blizzard provoked by the departing chopper.

A confidence: the previous evening I had begun to feel very nervous. Most of the other guests at the lodge were members of the Canadian Alpine Ski Team and their racer friends. A lawyer and an architect from Vancouver, a Swiss mountain guide, a former racer and father of two members of the National Alpine Team and myself were the only ones who were beyond their twenties. It was the youngest group ever on a Canadian Mountain Holiday. The other «older» people, however, had a great deal of mountain and deep powder experience.

I found myself in a group with some of the best-known members of the National Ski Team and I panicked. What was I doing there, a sedentary worker, a week-end skier on Eastern slopes with practically no deep powder experience and more than twice the age of team members? But I started down – there was nowhere else to go!

Before leaving the lodge, we had each been given a small skadi radio and were shown how to use it, how to leave it on "transmit" and wear it around our necks inside our sweaters. We were instructed on how to help search for lost skiers in a avalanche, on what to do if we got buried in a snow slide.

Soon we were in the middle of nowhere at an altitude I had never experienced. I was skiing with experts – people for whom skiing is a way of life.

Desperately, I tried to relax, to ski as best I could. But I failed miserably. I was stiff and I skied very badly.

We skied open fields, steep pitches – so steep that it was impossible to side slip through forest and again on vast open slopes. And all I could think of was survival. I remembered something I had read earlier about risk exercise and how good it was for one's mind and soul. Indeed!

We reached a plateau. Again the waiting helicopter picked us up and off we were once more over peaks, to yet another virgin area. Everyone was ecstatic. Look at that vertical drop! I tried to concentrate on the beauty around me but I died a thousand deaths. I had glanced at the mountain side from the helicopter. I had seen its incline and the cliffs on either side.

I had difficulty in the very deep powder, trying to keep up with the others. I pushed, turned, fell, got up again, tried to see the rest of my group in the distance ahead. I must keep up, I cannot be left behind, I told myself. The light was flat and I could not see where I was going. Suddenly, miraculously, I reached my group.

Another flight up. Down another 3,000 vertical feet. Up again to yet another part of the wilderness.

I tried to keep my skis together, to sit back a little, to carve decent curves in the whiteness. Suddenly I got the knack of it. I was floating. The tips of my skis were up and I had begun to feel what it was all about – oneness with the elements, with the universe. The majestic peaks were smiling on me.

The last run in the afternoon ended through a deep forest. It was magnificent; the scent of pine, solitude, the stillness of the wilderness and a million snow-covered trees.

Skiing is all there is in the Cariboos and the Bugaboos. But what skiing! Once you get used to deep, deep powder, no lift lines, no waiting, never having to ski the same slope or in well-worn tracks. It is blissful, free skiing.

A helicopter ski week in the Rockies is admittedly expensive. But as an enthusiastic skier of the Bugaboos and the Monashees has put it, "If you are on the verge of bankruptcy, it's a great way to go under!"

– April 1996 –

# Votre rire quotidien

Le ministre Couillard visitait un hôpital psychiatrique. M. le directeur, puis je vous demander comment vous savez qu'un patient est guéri, qu'il est prêt à quitter votre établissement.

C'est simple, monsieur le ministre. Nous faisons passer un test à notre patient. Nous lui donnons une cuiller et une tasse et nous lui demandons de vider une baignoire pleine d'eau. S'il réussit le test, nous le laissons sortir.

Je comprends. Si le patient est guéri, il utilise la tasse, car elle a plus grande capacité que la cuiller.

Non, monsieur le ministre. Celui qui est guéri enlève le bouchon de la baignoire.

\* \* \*

Les parents remirent une bible à leur fils qui partait étudier dans une ville éloignée en lui disant que ce livre le réconforterait lorsqu'il serait loin de la maison. Peu après son arrivée au collège, l'étudiant commença à écrire à ses parents pour leur demander de l'argent. Ils lui répondirent de lire sa bible en lui donnant le chapitre et le verset.

Lorsque l'étudiant revint à la maison pour un congé, ses parents lui dirent combien ils étaient déçus qu'il n'ait pas lu les Saintes Écritures. « Comment le savez-vous? » demanda l'étudiant. « Nous avons utilisé des billets de 20 $ pour marquer les passages que nous voulions que tu lises. »

\* \* \*

Un homme remarqua un jour que son compagnon de travail – qui était plutôt conservateur- portait une boucle d'oreille. Il était surpris de ce changement soudain.

L'homme se rendit auprès de son compagnon et lui dit : « Je ne savais pas que tu aimais les boucles d'oreilles. »

« Ne fais pas tant d'histoire, ce n'est qu'une boucle
d'oreille. »

Son ami devint silencieux durant quelques minutes,
mais sa curiosité est piquée et il ne peut s'empêcher de dire :
« Depuis quand en portes-tu une ? »

« Depuis que ma femme l'a trouvée dans mon camion. »

\* \* \*

Un homme semblant découragé est assis au bar. Il regarde
son verre durant une bonne demi-heure sans boire ni parler. Un gros camionneur s'assoit à côté, prend le verre et le
boit d'un trait. Le pauvre petit homme se met à pleurer.

« Arrête, je ne voulais que te jouer un tour, » dit le
camionneur. « Je t'offre un autre verre. Je ne peux pas voir
un homme pleurer. »

« Ceci est le pire jour de ma vie, » dit le petit homme
entre des sanglots. « Je n'ai rien fait de bon. Je me suis levé
en retard, je suis arrivé en retard à une réunion importante
et mon patron m'a congédié. En arrivant au stationnement,
j'ai constaté que mon auto avait été volée et je n'ai pas d'assurance. J'ai pris un taxi pour rentrer à la maison et après
le départ du taxi j'ai réalisé que mon porte-monnaie était
toujours dans le taxi. À la maison, j'ai surpris ma femme au
lit avec le jardinier. Je suis donc venu au bar pour me donner le courage de terminer ma vie …et là, vous arrivez et
vous buvez le poison. »

\* \* \*

Un policier arrête une blonde au volant de sa Cabriolet,
car elle vient d'être prise au radar à plus de 50 km/heure
au-dessus de la vitesse autorisée.

Le policier demande calmement le permis de conduire
de la blonde.

Énervée, la fille lui répond :

« Dites donc, vous devriez vous mettre d'accord dans la
police. Pas plus tard qu'hier, un de vos confrères me retire mon
permis, et aujourd'hui il faudrait que je vous le montre… »

\* \* \*

Sœur Marie travaillait pour une agence de soins à domicile. Elle était en route pour visiter des patients retenus à la maison, lorsque sa voiture manqua d'essence. Heureusement une station-service se trouvait tout près. Elle s'y rendit à pied pour emprunter un contenant à essence et acheter suffisamment de carburant pour redémarrer la voiture. Le préposé lui répondit qu'il avait prêté son seul contenant et qu'elle elle pouvait attendre qu'on le lui retourne.

Puisque la sœur voulait pouvoir commencer rapidement ses visites, elle décida de ne pas attendre et retourna à sa voiture. Elle cherchait quelque chose qui pourrait servir à transporter de l'essence lorsqu'elle vit une bassine pour le lit qu'elle apportait à un patient. Heureuse de sa trouvaille, elle apporta la bassine à la station-service, la remplit d'essence et la rapporta à l'auto.

Deux hommes observaient la religieuse à partir d'un banc de l'autre côté de la rue.

L'un d'eux se tourna vers l'autre et lui dit : « si ça marche, je deviens catholique. »

– Août 2005 –

# Les animaux partagent notre monde

Il n'est que quatre heures trente et les oiseaux chantent gaiement dans l'air du matin. J'essaye de les identifier à leur chant. Je les imagine dans tel ou tel arbre et en les écoutant je pense qu'ils doivent être heureux pour commencer ainsi la journée.

En me voyant debout, les chats me crient leur faim et, comme d'habitude, je cours à leur service. Comme cela doit être agréable d'être un chat choyé et dorloté comme le sont ceux qui ont choisi d'habiter chez moi.

Café en main, je sors dans le jardin et je trébuche presque sur une mouffette qui n'est même pas effrayée. Je crois qu'il s'agit de la même que l'on voit de temps à autre traverser la terrasse. Un peu plus tard, je m'agenouille pour désherber un peu les fleurs près de la porte arrière de la maison. Je sens une présence tout près et en tournant la tête, j'aperçois une toute petite marmotte qui, sans bouger, me fixe du regard. Bientôt sa mère avance et me voit aussi; puis le bébé suit sa mère en courant vers leur demeure sous un des murs de pierres du jardin. Je m'inquiète de ce qu'il y aura encore une bouche de plus pour bouffer mes plantes. Mais comment éliminer des animaux qui vous regardent dans les yeux, comme des amis?

Je marche jusqu'à la rivière dont le niveau a sensiblement monté ces derniers jours et j'aperçois une famille de canards faisant leurs exercices matinaux. Sur la rive sablonneuse, je vois des traces de chevreuils qui sont venus boire.

Au retour, deux écureuils se poursuivent et montent rapidement dans le pommier. Eux aussi semblent s'amuser follement.

Une grenouille dans la piscine tente désespérément d'en sortir. Il lui est impossible de le faire sur la paroi de vinyle glissante. Je la sauve donc pour ensuite aller la porter dans le petit étang du jardin, parmi les nénuphars.

En revenant, j'aperçois une grosse bosse grise en haut du talus. En m'approchant, je vois qu'il s'agit d'une énorme tortue qui semble malade. Elle ne réagit presque pas. Je sais que les tortues ne sont pas rapides, mais celle-ci semble incapable de bouger. Elle est certainement malade. Je veux la sauver. Je pense l'emmener à la rivière où je crois qu'elle se sentira mieux. Je ne connais rien des tortues, je n'en ai jamais vues d'aussi près et je me demande ce qui a bien pu la pousser à venir si loin dans son état et à monter le talus.

Je cours chercher des gants et un récipient dans lequel la transporter vers l'eau. Je lui touche et tout d'un coup, elle bondit, sort son long cou, montre ses dents féroces et ouvre ses phalanges comme pour m'arracher les mains. Je suis surprise qu'une bête aussi amorphe il y a quelques minutes devienne aussi méchante. Réalisant ma sottise à vouloir la déplacer, je la laisse tranquille dans le couvre-sol. Elle semble s'endormir. Plus d'une demi-heure plus tard, elle a disparu. J'ai beau chercher, je ne la trouve nulle part.

C'est samedi et il y a une visite de beaux jardins organisée par le Club de jardinage. Je m'y rends et je parle à des amis de mon expérience avec la tortue. J'apprends qu'elle cherchait probablement à laisser ses œufs. Normalement, elle l'aurait peut-être fait dans le gravier près de la rivière, mais puisque l'eau est haute, elle a dû trouver un endroit propice ailleurs.

J'ai donc appris une autre leçon de la nature. Inutile d'essayer de la modifier ni de changer les animaux qui l'habitent.

– Juillet 1998 –

# Sommes-nous des assassins?

En entrevue avec la revue Actualité, Peter Singer, philosophe et défenseur de l'éthique, affirme que nous sommes tous des assassins. Nous laissons mourir de faim des millions de personnes pauvres dans le monde, sans nous soucier.

La planète a suffisamment de ressources pour permettre à toute l'humanité de vivre convenablement. Cependant plus d'un milliard et demi de personnes vivent actuellement avec moins d'un dollar par jour tandis que les pays riches gaspillent les ressources et détruisent les surplus de la production de lait et de produits d'agriculture.

« Dans ce contexte mondial, un riche est quelqu'un qui, après avoir satisfait tous ses besoins et ceux de sa famille – nourriture, logement, vêtements, santé et éducation, a de l'argent de reste. Aux États-Unis et probablement dans les autres pays développés, la famille moyenne consacre près d'un tiers de son revenu à des choses non essentielles à la survie, choses qu'on pourrait qualifier de frivolités. »

Selon Singer: « ceux qui ne donnent pas 1% de leurs revenus aux pays pauvres se rendent coupables d'un acte immoral. » Peter Unger de l'université de New York a calculé qu'il suffisait de 200$ donnés à un organisme humanitaire pour transformer un bébé malade en écolier plein de santé, quatre ans plus tard. Ceux qui ont assez d'argent pour acheter des objets de luxe doivent porter une part de responsabilité dans les morts qu'ils auraient pu sauver.

« Au Sommet du millénaire des Nations unies qui a eu lieu à New York en 2000, les pays du monde se sont engagés à réduire de moitié, d'ici 2015, le nombre de personnes vivant dans pauvreté. La Banque mondiale a estimé que cela coûterait de 40 à 60 milliards de dollars par année en aide supplémentaire. »

« Si chaque adulte vivant dans un pays développé, faisait, pendant 15 ans, un don annuel de 100$, cela serait suffisant pour atteindre l'objectif visé. Cette somme représente 0,4% du salaire moyen des travailleurs des pays riches – moins d'un cent par tranche de 2$.

Si chaque individu versait 1% de son salaire à des organismes qui viennent en aide aux plus pauvres de la planète, cela s'ajouterait aux niveaux d'aide internationale – qui sont inférieurs à 1% du produit national brut de la plupart des pays du monde et qui sont seulement de 0,1% aux Etats-Unis. La somme obtenue permettrait peut-être même de viser l'élimination complète de la pauvreté dans le monde plutôt que seulement sa réduction de moitié. »

Peter Singer ajoute: « j'ai plaidé dans le passé pour qu'on donne des sommes bien plus importante que celles-là. Mais l'essentiel est de faire évoluer notre sens moral. Pour avoir des chances réelles d'y parvenir, ne vaut-il pas mieux de s'en tenir à un objectif auquel personne ne puisse se dérober. D'où l'idée d'un don de 1% du revenu annuel comme le minimum auquel chacun doit s'astreindre pour mener une vie conforme à la morale. Cela n'exige aucun acte de bravoure. Refuser de le faire témoigne d'une indifférence à l'égard de la persistance illimitée de l'extrême pauvreté et des morts – inévitables – dont elle est la cause. »

« S'il est vrai que la révolution des communications a créé un auditoire mondial, on peut estimer que c'est au monde entier que nous devons désormais rendre compte de notre comportement, Cette mutation est le fondement matériel d'une nouvelle éthique qui servira les intérêts de tous les habitants de la planète. »

L'écart est présentement astronomique entre le revenu des pauvres et celui des riches. Une redistribution des richesses à l'échelle mondiale ferait doubler et même tripler, les revenus des pauvres et ne représenterait pour nous qu'un changement mineur. Cela ne réduirait que de 1% ou 2% les revenus comptant parmi les 10% plus élevés.

« Tout effet négatif sur l'économie mondiale serait bien vite annulé En étant mieux instruits et mieux formés, la majorité des gens arrachés à la pauvreté absolue deviendraient autosuffisants et finiraient par prendre leur place sur le marché mondial en tant que consommateurs. » De quoi faire réfléchir et agir, n'est-ce pas?

– Octobre 2005 –

# Un autre départ

J'écris cette chronique samedi le 9 juillet. J'ai appris, tout à l'heure, avec stupéfaction, le décès de mon frère aîné Jean-Charles, qui a passé près de deux semaines ici et qui était renté chez lui en Floride, il y a quelques jours.

Il était très heureux d'avoir vu tous les membres de notre famille lors d'un pique-nique chez moi. Il répétait que, pour une fois, nous étions tous là et qu'il avait pu voir tout le monde. J'ai du mal à croire qu'il est vraiment parti. Depuis mon enfance, il m'a toujours semblé être rempli de sagesse, avoir la réponse à tout et savoir tout faire. Lors d'un séjour ici, il y a quelques années, il a construit un nouvel escalier chez-moi. J'ai souvent pensé combien cela avait amélioré la maison et je l'en remerciais. Lors d'un autre séjour annuel, il avait organisé le déménagement de mon poêle à bois du rez-de-chaussée vers le sous-sol. Le nouvel emplacement du poêle rend le chauffage de la maison beaucoup plus efficace. Et je ne peux pas compter tous les autres services qu'il m'a rendus.

Nous étions souvent en contact par courriel ou au moyen de son cellulaire. Nous bavardions de très longs moments durant les fins de semaine ou lorsqu'il faisait un long trajet en auto. Cela nous donnait l'impression d'être tout près.

Lors de sa récente visite, je l'ai trouvé moins en santé, plus fatigué et stressé. Il semblait avoir moins d'énergie et il avait pris du poids. Avant son départ, j'ai eu l'impression qu'il ne reviendrait plus.

Il adorait ses petits-enfants et deux d'entre eux (il en a quatre) sont venus avec leurs parents en même temps que lui. J'ai beaucoup d'affinité avec ces jeunes adolescents et nous avons goûté au plaisir de marcher en forêt, d'aller à la pêche, de manger, de nous baigner, tout cela ensemble, et de répondre aux questions de Jonathan en ce qui a trait aux plantes de mon jardin. Au printemps, son grand-père l'a aidé à faire un jardin pour qu'il apprenne comment poussent les légumes et les fleurs. Il est devenu passionné des plantes. Il cueillait des fleurs chez moi et me posait des tas de questions sur elles. Lors de nos excursions, dont l'une chez des amis plus loin au bord de la rivière, il s'arrêtait pour admirer marguerites et autres fleurs sauvages. Il voulait en faire pousser chez lui, en Caroline du Nord.

Sa sœur Christine est adorable. En tenant un semblant de micro, elle imite des vedettes de la télévision en inventant des histoires farfelues et en les décrivant drôlement.

Lors de la réunion de famille, j'ai remis à Jonathan quelques enveloppes de graines de certains légumes et de certaines fleurs qu'il aime.

Son grand-père m'a dit au téléphone, il y a deux jours, qu'il était trop tard, qu'il n'avait pas trouvé de fèves à planter dans le nouveau petit jardin. Ma sœur Marie avait dit que les fèves poussent facilement et qu'on a vite le plaisir de les manger. À travers mes larmes, je suis allée tout à l'heure acheter des fèves jaunes et vertes et je les apporterai en allant aux funérailles de Jean-Charles.

Même le mot "funérailles" est difficile à écrire et j'essaye de me rappeler que nous sommes des êtres éternels, que nous ne mourrons vraiment jamais. Nous laissons notre corps, mais nous continuons à vivre. Aussitôt après la mort, nous sommes conscients de cela; nous voyons notre corps et nous comprenons que notre vie, était parfaite, compte tenu de l'évolution que nous voulions atteindre en venant sur la terre.

N'allez pas à ma tombe pour pleurer
Je ne suis pas là, je ne dors pas
Je suis le vent, le soleil qui brille sur la neige
Je suis l'odeur de la moisson beige
Je suis la pluie qui tombe doucement
Je suis les étoiles qui brillent au firmament
N'allez pas à ma tombe pour pleurer
Je ne suis pas là, je vis toujours.

Do not stand at my grave and weep;
I am not there, I do not sleep,
I am the thousand winds that blow
I am the diamond glints on snow,
I am the sunlight on ripened grain
I am the gentle autumn's rain.
When you awaken in the morning shush
I am the swift uplifting rush of quiet birds in circled flight
I am the soft stars that shine at night.
Do not stand at my grave and cry:
I am not there, I did not die.

– Juillet / July 2005 –

Entre Nous
articles

* : English